DE L'EXPLOITATION

DES

ŒUVRES MUSICALES

PAR L'EXÉCUTION PUBLIQUE

THÈSE POUR LE DOCTORAT

Présentée et soutenue le jeudi 14 juin 1900, à 1 heure

PAR

Louis GIBAUX

Président : M. LYON-CAEN.

Suffragants : { MM. THALLER, LE POITTEVIN, } *professeurs.*

PARIS

LIBRAIRIE NOUVELLE DE DROIT ET DE JURISPRUDENCE

ARTHUR ROUSSEAU, ÉDITEUR

14, RUE SOUFFLOT ET RUE TOULLIER, 13

1900

THÈSE

POUR LE DOCTORAT

UNIVERSITÉ DE PARIS. — FACULTÉ DE DROIT

DE L'EXPLOITATION

DES

ŒUVRES MUSICALES

PAR L'EXÉCUTION PUBLIQUE

THÈSE POUR LE DOCTORAT

L'ACTE PUBLIC SUR LES MATIÈRES CI-APRÈS

Sera soutenu le jeudi 14 juin 1900, à 1 heure

PAR

Louis GIBAUX

Président : M. LYON-CAEN.

Suffragants : { MM. THALLER, LE POITTEVIN, } *professeurs.*

PARIS

LIBRAIRIE NOUVELLE DE DROIT ET DE JURISPRUDENCE

ARTHUR ROUSSEAU, ÉDITEUR

14, RUE SOUFFLOT ET RUE TOULLIER, 13

1900

LISTE DES OUVRAGES CITÉS

Actes des trois conférences internationales pour la protection des
œuvres littéraires et artistiques, réunies à Berne en 1884, 1885,
1886. — Actes de la Conférence de Paris, 1896.

Amar. — *Dei diritti degli autori.*

Annales parlementaires (Belgique).

Beaumarchais. — Œuvres complètes.

Benoidt et Descamps. — Commentaire législatif de la loi belge
du 22 mars 1886 sur le droit d'auteur.

Blanc. — Traité de la contrefaçon. Paris, 1855.

Bulletin de l'Association littéraire et artistique internationale (*Bull.
ass.*).

Bulletin de la Société des auteurs, compositeurs et éditeurs de musique (*Bull. soc. mus.*).

Calmels. — De la propriété et de la contrefaçon.

Cattreux. — Étude sur le droit de propriété des œuvres dramatiques et musicales. Bruxelles, 1883.

Clausetti. — De la reproduction du motif musical par rapport à la
théorie de la nouvelle œuvre d'art. Milan, 1892.

Courrier de l'art (le). — Publication périodique.

Danvila. — *La propriedad intelectual legislacion espanola.* Madrid,
1882.

Dambach. — *Fünfzig Gutachten über Nachdruck und Nachbildung.*

Darras. — Du droit des auteurs et des artistes dans les rapports
internationaux. Paris, 1887.

Droit d'auteur (le). — Journal officiel du bureau de l'Union internationale pour la protection des œuvres littéraires et artistiques.

Dunant. — Du droit des compositeurs de musique sur leurs œuvres. Genève, 1893.

— Des droits des compositeurs de musique quant à l'exécution de
leurs œuvres en Suisse d'après la législation actuelle, et d'après
les traités. Examen de la question au point de vue d'une loi à
faire (Rapport extrait des délibérations de la Société suisse des
juristes, 1897).

Gastambide. — Historique et théorie de la propriété des auteurs. Paris, 1862.

Huard et Mack. -- Répertoire de législation, de doctrine et de jurisprudence en matière de propriété littéraire et artistique. Paris, 1891.

I diritti d'autore. — Bulletin de la Société italienne des auteurs, publié à Milan.

Instrumental (l'). — Publication périodique.

Journal de droit international privé (Clunet).

Klostermann. — *Das geistige Eigenthum an Schriften, Kunstwerken und Erfidungen.* Berlin, 1871.

Lyon-Caen. — La propriété artistique d'après les nouveaux projets de loi français, belge et suisse. Paris, 1879.

Lyon-Caen et Delalain. — Lois françaises et étrangères sur la propriété littéraire et artistique. 2 volumes. Paris, 1889. — Supplément, 1890-1896.

Ménestrel (le). — Publication périodique.

Orelli (d'). — *Das schweizerische Bundesgesetz betreffend das Urheberrecht an Werken der Litteratur und Kunst.* Zurich, 1884.

Osterrieth. — Le projet d'une nouvelle loi allemande concernant le droit d'auteur sur les œuvres littéraires et musicales. Paris, 1899.

Panattoni. — Le droit de traduction et le théâtre. Milan, 1892.

Pataille. — Annales de la propriété industrielle, artistique et littéraire.

Peiser. — Auch eine Kulturfrage ! Zur Abwehr des Besteuerung musikalischer Aufführungen. Leipzig, 1897.

Pouillet. — Traité théorique et pratique de la propriété littéraire et artistique et du droit de représentation. Paris, 1894.

Progrès artistique (le). — Publication périodique.

Reichel. — Consultation relative au droit d'auteur sur les œuvres musicales en Suisse, publiée à la demande de la Société des auteurs, compositeurs et éditeurs de musique à Paris. Berne, 1892.

Renouard. — Traité des droits d'auteur. Paris, 1838.

Schuster. — *Das Urheberrecht der Tonkunst.* Munich, 1891.

Wauwermans. — Le droit des auteurs en Belgique. Bruxelles, 1894.

Wyss. — *Das internationale Urheberrecht an Photographien, musikalischen Aufführungen und Uebersetzungen.* Zurich, 1898.

DE

L'EXPLOITATION DES ŒUVRES MUSICALES

PAR L'EXÉCUTION PUBLIQUE

INTRODUCTION

De la double exploitation des œuvres musicales : par l'édition, par l'exécution publique. — Fondement et légitimité du droit d'exécution. — Droit moral, droit pécuniaire. — Droit d'exécution et droit de reproduction.

Une œuvre musicale, comme une œuvre dramatique, est susceptible d'une double exploitation :

Exploitation par l'édition ;

Exploitation par la représentation ou l'exécution publique.

La vente des exemplaires imprimés est une source de profits ; la représentation ou l'exécution dans les théâtres ou les concerts en est une autre.

Comme le mode particulier d'impression de la musique, la gravure, est très coûteux — que, d'autre part, les œuvres destinées à l'exécution publique exigent le plus souvent, sous forme de *parties séparées* destinées aux chanteurs ou aux instrumentistes, un grand nombre d'exemplaires différents pour une même œuvre, l'éditeur a, outre ses risques, à supporter des frais considérables. Ce n'est donc pas du traité passé avec l'éditeur que le compositeur peut attendre sa rémunération.

C'est en prélevant un droit proportionnel sur les recettes réalisées par les entrepreneurs de spectacles ou de concerts, qu'il tire réellement profit de son œuvre.

Ce mode d'exploitation présente pour les œuvres musicales une importance beaucoup plus grande que pour les œuvres dramatiques. Car les théâtres sont relativement peu nombreux, et la représentation théâtrale nécessite une scène, des décors, des costumes, des accessoires, exige de longues et difficiles répétitions.

Tandis que, grâce au développement de l'éducation musicale populaire, des concerts sont organisés partout : indépendamment des théâtres et des établissements de concerts proprement dits, des sociétés d'amateurs se sont fondées de tous côtés, et aujourd'hui il est peu de villages de quelque importance qui n'aient une fanfare ou un orphéon.

Mais l'exploitation par l'exécution publique se heurte, comme nous le verrons, à des difficultés nombreuses : les auteurs rencontrent continuellement des résistances, et, aujourd'hui encore, le droit d'autoriser ou d'interdire l'exécution de leurs œuvres leur est contesté.

Or, en matière de propriété *musicale*, le droit d'exécution apparaît comme le *droit essentiel du compositeur sur ses œuvres*.

Il importe d'en préciser la nature, d'en établir la légitimité.

*
* *

On peut considérer l'art comme ayant pour but le libre exercice d'un de nos sens suivant certaines lois d'harmonie.

L'œuvre de peinture agit sur le sens de la vue ; l'œuvre de sculpture ou d'architecture sur le sens du toucher (au moins à l'origine, car le relief est une qualité de la matière qui se révèle par le toucher, et n'arrive à être perçue par l'œil qu'après une opération consciente d'abord, que l'habitude traduit en réflexe).

L'œuvre musicale agit sur le sens de l'ouïe.

Si, d'ailleurs, aucun art n'existe, jusqu'ici, qui s'adresse au goût ni à l'odorat, cela semble devoir être attribué à l'imperfection de notre organisme.

Une œuvre **musicale** n'existe que *pour l'ouïe* et *par le son*.

Dans le but de fixer l'œuvre, pour en permettre une exécution nouvelle, des signes conventionnels ont été adoptés, qui constituent la *notation* : cette notation, très primitive au début, s'est perfectionnée au fur et à mesure des progrès de l'art musical, exigeant pour des ressources nouvelles des procédés de notation nouveaux.

L'usage de signes conventionnels permet à l'auteur de fixer une œuvre, de façon que l'exécutant puisse la reproduire en traduisant en sons les signes qui sont l'*écriture* propre du *langage* musical.

On rencontre ici une analogie avec le langage parlé, — lui aussi fixé, puis traduit, au moyen de l'écriture, qui n'est autre chose qu'une notation. Cette similitude est de nature à créer une confusion. L'œuvre musicale se pourrait-elle manifester par la *lecture*, exercice du sens de la vue — de même que l'œuvre dramatique, faite cependant, elle aussi, pour être parlée, donc pour être entendue ?

« Un drame, dit M. Reichel (1), peut exercer un certain effet par la simple lecture, par laquelle les signes servan(à la reproduction parviennent à frapper l'intelligence du lecteur ; la musique, elle, a besoin, pour produire son effet entier, d'être reproduite matériellement par des sons, bien que nous n'entendions nullement contester que des musiciens experts puissent, *par la simple lecture* d'un morceau de musique, se faire une idée assez nette de son effet. »

Une œuvre musicale pourrait-elle donc se manifester par un autre intermédiaire que le sens de l'ouïe, être accessible autrement que par des sons ?

L'examen de cette question fera ressortir l'importance du droit d'exécution en matière d'œuvres musicales, en établira le fondement et la légitimité.

Si l'œuvre musicale n'est accessible uniquement que par l'audition ; si l'exécution est le seul moyen par lequel elle se manifeste au public, il apparaîtra que le droit essentiel du compositeur est celui qui lui permet d'exercer sa surveillance sur l'exécution, de l'autoriser si elle est satisfaisante, de l'interdire si elle paraît devoir être défectueuse.

*
* *

La lecture d'une œuvre musicale ne peut consister qu'en une audition fictive, qui existe par l'imagination. Chaque

(1) *Droit d'auteur*, 1893, p. 20.

note représentant pour le musicien un son, celui-ci lisant la note se figure entendre le son.

On conçoit facilement qu'il soit possible de se représenter, par une telle audition fictive, une mélodie, une simple succession de sons différents.

Il est déjà plus difficile d'entendre par l'imagination un accord, une combinaison de sons différents entendus simultanément.

Ceci ne s'applique qu'à des sons de même qualité, de même timbre, homogènes en un mot ; c'est-à-dire, dans la pratique, émis par un seul instrument, ou plusieurs instruments semblables.

Mais la plupart des œuvres destinées à l'exécution publique utilisent des ressources instrumentales plus considérables qui, outre l'avantage de varier les effets, présentent celui de donner une sonorité plus intense, un volume de son plus considérable, permettant l'exécution dans une salle vaste, ou en plein air, accessible à un nombreux public.

L'*orchestre* est composé d'éléments différents, d'instruments ayant chacun son timbre propre, sa puissance sonore différente des autres.

L'imagination *des sons* ne suffit donc pas : à celle-ci, doit pouvoir s'ajouter une imagination *des timbres* ; en outre, le lecteur doit pouvoir tenir compte de la puissance sonore relative de chaque instrument dans le groupe.

Cette puissance imaginative, qui permet d'évoquer l'ensemble de sons et de timbres différents, et d'obtenir par la simple lecture une audition fictive, s'acquiert par la grande habitude, l'audition fréquente et attentive, l'étude des

lois qui président à l'emploi simultané des sons, des ressources vocales et instrumentales ; en un mot, par une
culture spéciale du sens de l'ouïe (1).

Une semblable lecture nécessite donc des connaissances approfondies, jointes à une faculté imaginative spéciale.

En outre, se présentent des difficultés, pour ainsi dire,
matérielles.

Alors que l'œuvre destinée à un seul instrument n'est
notée que sur une seule portée, deux (le piano) ou trois au
plus (l'orgue) — l'œuvre destinée à un groupe de voix ou
d'instruments est écrite sur autant de parties, au moins,
que de voix ou d'instruments différents.

Dans la partition d'une œuvre dramatico-musicale utilisant chœurs et orchestre, vingt parties au minimum,
remplissant la page entière, représentent *une seule ligne
de musique*, dans les passages où les quatre parties du
groupe normal des voix et tous les instruments de l'orchestre normalement composé sont employés.

Première difficulté de lecture, provenant des dimen-
sions de la page qu'il est nécessaire d'embrasser tout entière d'un coup d'œil.

Deuxième difficulté, les notations peu usitées dans des
clefs différentes (2).

(1) L'écriture d'une œuvre musicale ne serait pas possible, d'ailleurs, sans cette continuelle évocation par laquelle le compositeur
entend la musique qu'il écrit.

(2) A côté des clefs généralement usitées de *sol* et de *fa*, sont em-
ployées fréquemment les différentes clefs d'*ut* : *ut* 3e *ligne* pour les
altos, *ut* 4e *ligne* pour les premier et deuxième trombones, ainsi
que pour les violoncelles et les bassons dépassant à l'aigu leur étendue ordinaire. Dans les anciennes partitions, les *parties vocales*
étaient aussi notées en différentes clefs d'*ut*.

Troisième difficulté : la notation de certains instruments dans des *tons* différents, nécessitant la transposition (1).

Les difficultés de lecture se multiplient à l'infini : nous avons cité celles-ci, les principales, à titre de simples exemples.

Au reste, en admettant la possibilité théorique d'une lecture permettant de se rendre un compte exact de l'œuvre, cette audition imaginative, fictive, pourra-t-elle donner l'effet intégral de l'œuvre musicale?

Il est à craindre que gêné, préoccupé par le déchiffrage d'une notation compliquée, le lecteur ne ressente pas l'impression qu'il ressentirait à l'audition véritable.

De tous les arts, la musique est celui dont l'expression comporte le moins de précision ; or, l'art consistant en l'évocation de sentiments éprouvés par l'auteur, traduits par lui dans la langue particulière dont il possède les moyens d'expression, pour être éprouvés ensuite par ceux qui jouissent de l'œuvre — ici les auditeurs — la musique, pour être *comprise*, exige l'audition attentive, en raison même de son imprécision. L'esprit doit être dégagé

____

(1) En prévision d'un trop grand nombre d'accidents, dièzes ou bémols, à la clef, qui rendraient trop difficile et trop compliqué le jeu de certains instruments, d'une part — et qui en altéreraient la sonorité, de l'autre — certains instruments à vent possèdent des tubes de rechange qui, plus ou moins longs, en déplacent l'étendue, les faisant hausser ou baisser par tons ou demi-tons. Cette modification de l'instrument tout entier, qui n'a plus aujourd'hui une importance aussi considérable depuis l'intervention d'instruments chromatiques à pistons et ne se justifie plus guère que par la difficulté d'exécution, avait une très grande importance alors que la qualité des *sons ouverts*, harmoniques naturels de l'instrument, différait sensiblement de celle des *sons bouchés*, artificiellement produits par l'emploi de la main bouchant le pavillon.

de toute influence extérieure, et se concentrer, tendre toutes ses facultés vers l'audition.

Il est certain que ces conditions ne se rencontrent pas dans la lecture possible, mais pénible et difficile, d'une œuvre musicale utilisant de nombreuses ressources vocales et instrumentales.

.·.

L'œuvre musicale ne se peut donc manifester que par l'audition que procure l'exécution.

Il s'ensuit que le droit de l'auteur sur son œuvre, « le droit (1) de faire respecter sa pensée, de veiller à ce qu'elle ne soit transmise à tous qu'intégralement, sous la forme qu'il a voulue, à l'heure et sous les conditions qu'il lui plaît de déterminer... », ce droit essentiel porte, pour le compositeur, essentiellement sur l'*exécution* de son œuvre : seul juge des conditions de l'exécution, il est maître de l'autoriser ou de l'interdire à son gré.

Accessoirement, comme c'est au moyen de la notation que l'œuvre se révèle — comme l'*exemplaire* contient virtuellement, pour ainsi dire, l'œuvre qui apparaîtra au moment où les signes conventionnels seront traduits sous la forme des sons qu'ils indiquent et auxquels ils correspondent, — l'auteur possède, d'autre part, un droit qui lui permet de veiller à ce que l'exemplaire reproduise fidèlement la notation exacte de son œuvre.

C'est le droit de *reproduction*.

Ce double droit d'exécution et de reproduction, nous venons de l'envisager sous l'aspect particulier d'un droit

______

(1) *Du droit moral de l'auteur sur ses créations.* Rapport de M. Maillard au Congrès d'Heidelberg, 1899, *Bull. ass.*, annexe au bulletin n° 9, 3ᵉ série, p. 2.

qu'engendre seule la qualité d'*auteur* — c'est-à-dire le
fait que l'œuvre n'est pas seulement le produit d'un travail, mais constitue une *création personnelle*. L'auteur
signe son œuvre, y appose ainsi sa marque, et en prend
dès lors la responsabilité. « Mais il ne peut être respon-
sable, dit M. Lermina (1), que de ce qu'il a produit, et,
pour que sa responsabilité soit entière, il a le droit, disons même le devoir, de défendre l'intégralité de son
œuvre... Cette responsabilité est d'un caractère particulièrement délicat : elle touche aux fibres les plus secrètes
de l'humanité, à la conscience, à l'amour-propre, à la
dignité intime. »

Ce droit, qui n'appartient qu'à l'*auteur*, a été justement
dénommé *droit moral*.

Mais, pour personnelle qu'elle soit, l'œuvre n'en est pas
moins le résultat d'un travail : l'auteur a donc droit,
comme tout travailleur, à une rémunération. Ce droit à
une rémunération, payée par ceux qui jouissent de son
œuvre, est le *droit pécuniaire*.

Une extension exagérée du premier de ces deux droits,
ainsi qu'une confusion fâcheuse venant d'usages établis
qui subordonnent le consentement au paiement d'une redevance, ont pu conduire à considérer le droit pécuniaire
comme découlant du droit moral.

« Pour certains esprits (2), c'est là tout le droit de l'auteur. Les sommes qu'il perçoit pour la reproduction de ses

(1) *Du droit moral des écrivains et des artistes sur leurs œuvres.* Rapport de M. Lermina au congrès de Monaco, 1897, *Bull. ass.*, 1897.

(2) *Du droit moral de l'auteur sur ses créations.* Rapport de
M. Maillard au congrès d'Heidelberg, 1899, *Bull. ass.*, annexe au
bulletin n° 9, 3ᵉ série, p. 2.

œuvres ne sont que la conséquence de l'exercice de son droit moral : il a le droit d'interdire la reproduction de son œuvre, il peut donc ne l'autoriser que sous les conditions qu'il fixe ; la rémunération qu'il obtient de l'éditeur ou du directeur de théâtre n'est qu'une de ces conditions. »

Donner comme seule base au droit pécuniaire un véritable abus du droit moral consistant à subordonner le consentement non à des conditions satisfaisantes d'exécution, mais au paiement d'une certaine somme, serait ravaler singulièrement l'action de l'auteur.

Cette extension n'est pas nécessaire.

Le droit pécuniaire consiste dans la participation de l'auteur aux profits réalisés par l'emploi de son œuvre.

L'opposition entre les deux droits, moral et pécuniaire, ainsi que le caractère de chacun, a été résumée par M. Darras (1), en une formule nette et précise, établissant le fondement de chacun d'eux, et leur légitimité :

« Toute personnalité doit être respectée ; tout travail libre mérite salaire. »

*
* *

Nous venons de voir qu'à côté de son droit d'*exécution*, l'auteur possède un droit de *reproduction* ou de *publication*.

Les difficultés d'exploitation des œuvres musicales proviennent, surtout, de la coexistence de ces deux droits, de la possibilité d'une double exploitation.

Les résistances opposées à l'exercice par l'auteur du

(1) Darras, p. 6.

droit d'exécution émanant du public d'une part, des éditeurs de l'autre :

Du public : l'acheteur d'un exemplaire croit pouvoir en
user librement et est porté à considérer comme abusive
l'intervention de l'auteur lors de chaque exécution publique ;

Des éditeurs : ceux-ci auraient tout intérêt à vendre des
exemplaires qui pussent être exécutés librement ; exploitant l'œuvre par la publication, ils sont portés à considérer l'exploitation parallèle par l'exécution publique, que
l'auteur se réserve, comme concurrente et de nature à
causer préjudice à la vente des exemplaires.

Dans une première partie, nous verrons comment les
auteurs, forts de leur union, sont parvenus à exercer un
droit que les lois consacrent, mais à l'exercice duquel, en
fait, isolés, ils ne pouvaient prétendre ;

L'étude des résistances émanant du public exécutant
fera l'objet d'une seconde partie.

Enfin, dans une troisième partie, nous traiterons des
conflits qui peuvent naître entre les titulaires différents
des deux droits de reproduction et d'exécution, et nous
examinerons quels sont les moyens propres à les résoudre.

PREMIÈRE PARTIE

L'AUTEUR TITULAIRE DU DROIT D'EXÉCUTION

I

Détermination de la qualité d'auteur.
Caractères que doit présenter une œuvre musicale pour faire l'objet d'un droit.

En vue de légitimer le double droit, moral et pécuniaire, de l'auteur sur un œuvre, nous avons cité cette formule de M. Darras :

« Toute personnalité doit être respectée ; tout travail libre mérite salaire. »

De là, deux conditions sont nécessaires pour qu'une œuvre fasse naître un droit au profit de son auteur :

Qu'elle représente une somme de travail ;

Qu'elle soit l'émanation d'une personnalité.

Tous les arts ont pour but l'expression de sentiments, c'est leur caractère commun — par des moyens spéciaux propres à chacun, c'est ce qui les différencie.

Une œuvre est l'émanation d'une personnalité, en ce qu'elle est l'expression de sentiments propres à un individu ; elle a par cela même un caractère original.

Elle représente une somme de travail, en ce que les sentiments s'expriment, prennent forme, se réalisent, par l'utilisation raisonnée et laborieuse des ressources propres à chaque branche de l'art.

L'étude de ces ressources, de ces moyens d'expression, constitue pour chaque art une *science* spéciale. C'est en examinant la nature et les éléments de la science musicale, que nous arriverons à déterminer quels sont les caractères particuliers que doit présenter une œuvre musicale pour faire l'objet d'un droit.

*
* *

La science musicale comprend trois éléments :

La *mélodie*, émission successive des sons ;

L'*harmonie*, émission simultanée des sons ;

Le *rythme*, qui a trait aux rapports de durée relative des sons.

De même que les mots en littérature, les sons et le rythme en musique ne constituent que les éléments, les matériaux de la langue. Donc, pas plus qu'un écrivain ne pourrait revendiquer un droit sur une courte phrase du langage courant, un musicien ne peut considérer comme lui appartenant un groupe de quelques notes, un accord ou une succession d'accords, ni un rythme, même en admettant qu'il ait personnellement découvert cette mélodie, ces harmonies ou ce rythme. Car la musique est une science, au sens propre du mot, et les combinaisons mélodiques, harmoniques et rythmiques sont en nombre mathématiquement limité : il est probable que depuis que des musiciens écrivent, ces combinaisons ont été toutes découvertes, mais en admettant que cela ne soit pas, le musicien qui aurait découvert une combinaison insoupçonnée ne pourrait en revendiquer la propriété.

Il en serait comme de toutes les découvertes scientifiques : celle-ci enrichirait la science, et appartiendrait à tous.

Car si l'un des éléments nécessaires pour constituer une œuvre faisant l'objet d'un droit existe, *le travail,* — l'autre, *la personnalité*, fait défaut.

C'est en utilisant les ressources de la science, en combinant des phrases mélodiques, des harmonies et des rythmes préexistants, *pour l'expression d'idées personnelles*, que le compositeur fait une œuvre propre, originale, de l'audition de laquelle se dégage une impression particulière. De même, l'écrivain ne fait qu'user des mots, des locutions qui sont les matériaux de la langue, mais en les utilisant à l'expression de ses idées leur donne un cachet original, et fait ainsi un travail personnel qui constitue une œuvre littéraire (1).

*
* *

La *valeur* de l'œuvre n'a pas à être prise en considération. C'est là un principe d'ordre général en matière de propriété artistique. On cite couramment l'exemple de l'image d'Epinal protégée au même titre qu'un tableau de

(1) La nécessité, pour l'existence d'une œuvre musicale susceptible de protection de la combinaison des trois éléments : mélodie, harmonie, rythme, fait dans le traité de M. Dunant (n°ˢ 45, 46, 47) l'objet d'une longue et savante discussion, où sont exposées les opinions de différents auteurs. L'un de ces trois éléments peut-il, isolément, être l'objet d'un droit exclusif ? La combinaison de deux d'entre eux, ou des trois, est-elle nécessaire ?

Traitant de l'*exploitation* des œuvres musicales, nous n'avons pas à aborder cette question qui, outre qu'elle exigerait de trop longs développements, ne présente qu'un intérêt spéculatif.

maître (1) ; pareillement, la moindre romance, la moindre valse a droit à la même protection qu'une symphonie ou qu'un opéra (2).

N'accorder à l'auteur de droit sur son œuvre qu'autant que celle-ci en serait digne, serait donner aux juges un pouvoir d'appréciation inadmissible (3).

.

Aucune distinction, non plus, n'est à faire entre les œuvres musicales, d'après leur *destination*, suivant qu'elles ont ou non un but pratique. Il n'y a aucune raison pour exclure de toute protection les sonneries militaires, les airs de chasse, etc. M. Dunant (4) cite à ce propos M. Schuster qui attribue à ces signaux musicaux un caractère éminemment artistique « par le fait qu'ils sont nés de la vie même et répondent à des besoins pratiques ».

En fait, cette question ne se pose pas. Les ressources très restreintes, réduites aux seuls sons harmoniques, des instruments spéciaux (clairons ou cors de chasse) employés dans les sonneries ou les signaux, ne peuvent donner lieu qu'à des combinaisons en nombre limité : ce sont des motifs très courts, sur lesquels leurs auteurs

(1) Trib. de la Seine, 7 juin 1842 (Blanc, p. 249).

(2) Trib. de la Seine, 15 février 1822 (Gastambide, p. 266) ; Trib. de la Seine, 15 décembre 1833 (*Gazette des tribunaux*, 16 décembre 1833) ; Trib. de la Seine, 8 septembre 1847 (*Bull. soc. mus.*, n° 1, p. 3) ; Trib. de la Seine, 3 août 1848 (Blanc, p. 237) ; C. de Paris, 11 avril 1853 (Dall., 1853, 2, 130) ; C. de Lyon, 12 janvier 1853 (*Bull. Soc. mus.*, n°ˢ 1 et 3, p. 1) ; Trib. civ. de la Seine, 14 janvier 1853 (Dall., 1853,5,382) ; C. de Nancy, 13 août 1867 (Pataille, 1869, p. 246).

(3) Nous verrons plus loin, à propos des arrangements, quelles difficultés soulève ce pouvoir d'appréciation laissé aux tribunaux.

(4) Dunant, n° 39.

n'ont pas songé à revendiquer un droit : en tous cas ces motifs de quelques mesures ne sauraient être considérés comme des œuvres musicales susceptibles d'une exploitation quelconque.

Aucune considération de ce genre ne peut donc influer sur la protection à accorder aux différentes œuvres musicales. Au point de vue spécial qui nous occupe de la représentation ou de l'exécution, les deux éléments de *personnalité* et de *travail* légitiment, l'un le droit *moral* d'exiger une exécution fidèle, l'autre, le droit *pécuniaire* de percevoir une part des bénéfices réalisés par l'exploitation de l'œuvre.

Si l'œuvre *émane d'un seul auteur* — c'est le cas le plus simple, celui que jusqu'ici nous avons eu en vue — c'est à lui qu'appartient le droit exclusif d'en autoriser ou d'en interdire l'exécution publique.

Mais une œuvre peut émaner de plusieurs auteurs : — œuvre originale, de *collaborateurs* ; — *arrangements*, d'un *arrangeur* et d'un *auteur primitif.* Quels seront les droits de chacun d'eux sur l'exécution de l'œuvre commune ?

L'étude de ces deux cas : *œuvres originales en collaboration*, et *arrangements*, fera l'objet des deux chapitres suivants.

II

Œuvres émanant de plusieurs auteurs ; collaboration :
1° Entre musiciens : œuvres purement musicales.
2° Entre un auteur et un compositeur (œuvres dramatico-musicales).
3° Entre un auteur, un compositeur et un maître de ballet (œuvres chorégraphiques).
Indivisibilité de l'œuvre commune ; conséquences au point de vue
de la représentation intégrale et au point de vue de l'exploitation
séparée.

Echange d'idées, critique mutuelle, travail commun,
sans que, l'œuvre finie, on puisse y distinguer la part de
chacun, voilà ce qui constitue la véritable collaboration.
De là, aucun des auteurs ne saurait prétendre à un droit
sur partie de cette œuvre : elle est l'émanation commune
des personnalités de ceux qui la signent, elle est le fruit
de leur travail commun. La part de chacun n'y peut être
déterminée : comment apprécier l'influence des idées de
l'un sur celles de l'autre, l'importance du travail personnel de chacun ? L'œuvre ainsi créée est indivise ; les collaborateurs ont sur elle un droit égal de copropriétaires.

En conséquence, ils auront une part égale dans les bénéfices résultant de la représentation ou de l'exécution, et
leur consentement à tous sera nécessaire pour accorder
ou refuser l'autorisation de représenter ou d'exécuter.

*
* *

La collaboration ainsi définie est la collaboration proprement dite, étroite.

Elle est rare dans les œuvres *purement musicales* (1).
M. Schuster explique ce fait « parce que la musique est un
monde purement de sentiments ; en sa qualité du plus
subjectif de tous les arts, c'est lui qui supporte le moins
l'ingérence d'une individualité étrangère (2) ». Et cependant il en existe des exemples : pourquoi d'ailleurs les
impressions traduites dans la langue musicale ne se pourraient-elles communiquer comme des idées et le travail de
développement ne pourrait-il être fait en commun ?

Le travail commun auquel on donne le nom de collaboration ne se présente pas toujours sous l'aspect sous lequel
nous l'avons envisagé, d'un travail d'une telle intimité
que, l'œuvre achevée, on n'y puisse distinguer la part de
chaque auteur. Dans le cas où la part de chacun est susceptible d'être nettement déterminée, il faut examiner
le caractère du travail de chacun pour savoir s'il y a collaboration ; chaque collaborateur devant être nécessairement auteur, il s'agit de voir si la part de chacun présente
les caractères nécessaires, que nous avons signalés, de
travail et de personnalité.

Certains — nous avons vu que dans toute branche de

(1) Il importe de mettre à part le cas assez fréquent d'une œuvre
formée d'un assemblage de parties détachées, œuvres d'auteurs
différents ; un ballet, une symphonie, à « numéros » distincts les
uns des autres. Un tel assemblage ne saurait constituer une collaboration, car pour qu'il y ait collaboration, il faut que le travail
commun porte sur une seule et même œuvre.

Chaque auteur conserve dans l'œuvre collective son droit propre
sur l'œuvre qu'il a signée et n'a aucun droit sur les autres.

(2) Schuster, p. 133.

l'art il y a un côté « science » et un côté « invention » — de ceux qu'on est convenu d'appeler les *amateurs*, trouvent aisément des idées, mais ne sont guère capables de les écrire correctement, de les développer, de les harmoniser.

Le travail de celui qui écrirait ces thèmes, les développerait, les harmoniserait, constituerait-il une véritable collaboration ?

Ce cas est semblable à celui d'un auteur dramatique qui développe une idée qu'on lui suggère, et en bâtit une pièce : il est évident qu'on ne peut refuser la qualité d'auteur à celui qui, pour n'avoir pas eu l'idée première, a imaginé une foule de détails, et a réalisé, matérialisé une idée qui n'était qu'une idée, une pièce qui n'existait que virtuellement. Si bien que des deux auteurs, celui qui mérite le mieux ce titre est peut-être, souvent, le second.

Entre la science et l'invention la démarcation est difficile, et le développement comporte une imagination de détail.

Le *développement* musical constitue donc une collaboration.

En est-il de même de l'*harmonisation* (1) ?

L'harmonisation exige un choix des accords, une inven-

(1) Il convient de mettre à part les procédés du *contrepoint* et de la *fugue*. Plutôt qu'une harmonisation, la fugue est un développement d'un genre particulier, dont les phases sont mathématiquement prévues ; sans faire entrer en considération les connaissances scientifiques nécessaires ni la somme de travail dépensée, il suffit de ranger ce procédé parmi les développements.

Contrepointer un thème, c'est imaginer un autre thème qui s'harmonise avec le premier : les deux caractères de travail et d'invention se rencontrent donc.

tion dans leur succession et dans leur appropriation à la mélodie. Quoiqu'à un degré moindre, ce travail constitue une collaboration ; d'autant qu'il s'augmente souvent de corrections apportées à la mélodie : c'est ce qui se produit dans bien des cas, en particulier pour les chansonniers qui exécutent leurs propres œuvres : la plupart, n'ayant pas une instruction musicale suffisante pour écrire entièrement une œuvre, font appel à des musiciens plus instruits. En fait, dans la pratique, ceux-ci ne signent pas, se déclarant satisfaits d'une simple rémunération et ne songeant à revendiquer aucune propriété : il s'agit donc d'un simple louage d'ouvrage. Mais en principe, c'est une véritable collaboration.

Quant à l'*instrumentation*, nous ne pouvons partager l'avis de M. Dunant (1), qui se refuse à considérer ce travail comme constituant une collaboration.

Cela est juste quant à beaucoup d'œuvres dramatiques telles qu'on les a longtemps conçues, et quant à la plupart des œuvres légères ; mais de jour en jour l'orchestre prend une importance plus considérable.

On peut comparer l'œuvre telle qu'elle est réduite pour piano au dessin, et l'instrumentation, en raison des sonorités différentes, des timbres variés des instruments divers, à la couleur. Or, il en est un peu de même dans l'évolution de la peinture : beaucoup d'artistes se soucient autant, sinon davantage, de la couleur que du dessin, et c'est souvent la couleur qui séduit. Il en est ainsi de l'orchestre, et telle œuvre qui n'a ni grand intérêt ni grande valeur intrinsèque, prend un aspect nouveau et sédui-

(1) Dunant, n° 55.

sant par des combinaisons adroites et savantes de timbres différents. Ceci pour conclure que, dans certains cas, le travail d'instrumentation pourra, au même titre que l'harmonisation, présenter le caractère d'une collaboration véritable.

.˙.

L'œuvre mi-partie littéraire, mi-partie musicale, peut-elle être le résultat d'une véritable collaboration, mise en commun d'idées et travail commun ?

Ou bien cette union de deux moyens d'expression différents, littérature d'une part, musique de l'autre, ne saurait-elle être qu'une juxtaposition de poème et de musique, sans qu'aucune collaboration ne fût possible ?

Cette question présente un intérêt considérable, à raison des droits que les différentes législations accordent à chacun des auteurs suivant qu'elles considèrent ou non une telle œuvre comme le résultat d'une collaboration.

Considérer l'œuvre dramatico-musicale comme le résultat d'une collaboration, c'est donner à l'auteur et au compositeur un même droit de copropriété sur une œuvre indivise, conséquemment soumettre l'exécution de tout ou partie de cette œuvre à l'autorisation commune des deux auteurs ; — tandis que la conception contraire n'accorde à chaque auteur qu'un droit sur sa part de l'œuvre, et même, considérant qu'une part est prépondérante, va jusqu'à exproprier l'auteur de la partie la moins importante de son droit de représentation.

Il est aisé, dans une œuvre de ce genre, de distinguer la part de chacun : l'auteur signe la partie littéraire, le compositeur la partie musicale. C'est en raison de cette dépar-

tition facile, que l'œuvre dramatico-musicale a pu être
considérée comme une juxtaposition de paroles et de musique, ne constituant pas un tout complet, à la différence
de l'œuvre exclusivement littéraire — ou exclusivement
musicale — dans laquelle on ne peut distinguer aussi aisément la part de chaque collaborateur.

Aussi, certaines législations, nous le verrons bientôt,
serefusent-elles à voir dans l'œuvre dramatico-musicale
le produit d'une collaboration.

Et la jurisprudence française, admettant en principe,
avec juste raison, l'indivisibilité de l'œuvre dramatico-
musicale, n'attribue ce caractère d'indivisibilité qu'au cas
de travail *commun* et simultané de l'auteur et du compositeur (1) ; — par contre, au cas de travail *successif* (le compositeur écrivant une partition sur un livret achevé), les
paroles et la musique sont considérées comme susceptibles
d'être détachées l'une de l'autre (2).

La question est donc tranchée d'après des circonstances
de fait, pour chaque hypothèse.

(1) C. de Paris, 15 juin 1855, D. 55.2.257 ; C. de Paris, 20 novembre 1857, Pataille, 1857, p. 445 ; Trib. civ. de la Seine, 29 novembre 1865, Pataille, 1866, p. 12 ; C. de Paris, 27 juin 1866, Pataille, 1866, p. 299 ; Trib. de commerce de la Seine, 9 mai 1870,
Pataille, 1870, p. 299 ; Trib. civ. de la Seine, 19 août 1872, D. 74.
5.414 ; C. de Paris, 21 février 1873, Pataille, 1873, p. 154.

(2) Trib. de la Seine, 2 août 1827, Blanc, p. 161 ; C. de Paris,
19 avril 1845, Blanc, p. 67 ; C. de Paris, 28 août 1868, *Droit*, 29 août
1868, Pataille, 1870, p. 306 ; C. de Paris, 12 juillet 1855, 20 novembre 1857, précités. V. Huard et Mack, nos 102, 907. C'est l'opinion
de la plupart des auteurs : V. Pouillet, nos 115 et 116 ; Pataille, 1857,
p. 461 ; Dunant, n° 107. V. une *Étude* de M. Harmand, *Sur les droits
des collaborateurs dans les œuvres de la pensée*, rapport au Congrès de
Berne, 1896, *Bull. Ass.*, 3e série, n° 5, août 1896.

Or, considérer qu'une œuvre faite de l'union de la littérature et de la musique n'est pas *nécessairement, par sa nature* le résultat d'une collaboration étroite entraînant l'indivisibilité, c'est se faire de la nature de l'œuvre une idée erronée. Idée qui s'explique, d'une part, par la distinction facile, que nous venons de signaler, entre deux genres absolument différents, et la départition aisée du travail de chacun ; d'autre part, par certaine conception de l'œuvre dramatico-musicale et certains procédés fréquents de travail successif.

Musique et littérature ne sont pas deux genres d'expression différents qui ne se peuvent que juxtaposer, mais deux *moyens d'expression* susceptibles d'union intime. La musique, accompagnant un drame, en place les épisodes dans l'atmosphère, dans le milieu qui lui convient, antique ou exotique, par exemple, à l'aide de sonorités évocatrices ; — adéquate au langage parlé, elle en accentue et en renforce l'expression ; — lorsque la parole est impuissante, elle exprime, définit l'état d'âme, la psychologie intime, tristesse ou joie secrète ou tous autres sentiments des personnages. Ces deux éléments, paroles et musique, s'unissent intimement, se pénètrent, se fondent ; de telle sorte qu'il n'y a plus ni paroles, ni musique, mais deux moyens d'expression qui n'en forment plus qu'un seul, plus parfait, auquel, dans l'œuvre scénique, se joint l'art du décorateur qui précise le milieu extérieur où se meuvent les personnages, et le jeu de l'acteur dont la pantomime augmente encore la force du langage intensément expressif qu'est la parole chantée.

Réunir en un seul tous les moyens d'expression, pour agir aussi puissamment que possible sur l'esprit du spectateur, voilà le but en vue duquel est écrite une œuvre dramatico-musicale ; telle est du moins la conception du drame lyrique qui fut celle de Gluck et de Berlioz et dont Wagner a établi la formule ; si bien qu'à cet auteur, qui ne confiait à personne le soin d'écrire les livrets de ses œuvres, ni même d'en dessiner les décors et les costumes, on se demande quelle qualification donner : un poète, un musicien ? Non, les deux ensemble : un dramaturge possédant tous les moyens possibles d'expression, et en usant concurremment en vue d'un mode de réalisation qui les combinât tous.

Cette conception, il est vrai, peut être considérée comme propre à une école : la substitution par l'école moderne du terme « drame lyrique » à l'ancienne dénomination « d'opéra », en un besoin de démarcation entre deux genres différents, l'exprime assez. Longtemps, les opéras ont consisté en une série de morceaux de concert, où le souci de mettre en valeur les ressources vocales des artistes, par des *vocalises*, des *points d'orgue* dont étaient entremêlées les phrases, primait souvent celui d'une déclamation nette, claire, expressive.

Cependant, pour sacrifier à des conventions aujourd'hui démodées, la phrase musicale n'en était pas moins adéquate aux paroles : beaucoup d'œuvres ainsi conçues abondent en mélodie d'une remarquable justesse d'expression.

Forcément, le sens de la musique est toujours déterminé par le sens des paroles.

D'ailleurs, l'examen de la valeur intrinsèque respective de ces deux éléments, paroles et musique, vient à l'appui de cette démonstration.

Si les deux genres pouvaient être envisagés isolément,
l'union d'un excellent poème et d'une musique excellente,
devrait logiquement réaliser une œuvre dramatico-musicale supérieure. Or, à un point de vue d'art essentiel,
d'esthétique, le livret d'une œuvre dramatico-musicale
ne peut atteindre, isolé, qu'à une perfection très relative,
et la musique dramatique, isolée, est dans le même cas.

Car la musique a ses exigences, de coupe de vers, de
sonorité de syllabes, qui peuvent avoir une influence défavorable sur la valeur littéraire intrinsèque du livret ;
réciproquement, les exigences du poème contrarient de
la musique ses modes de développement, sa technique
particulière. En un mot, ces deux éléments se font un tort
réciproque ; et les littérateurs épris de véritable esthétique littéraire ont le même dédain, d'ordinaire, pour les
livrets d'opéra, que marquent les amateurs éclairés et
difficiles de musique pour la musique dramatique qui
serait considérée en elle-même, indépendamment du texte
et de l'action dramatique.

D'autre part, consacrer le droit de division serait aboutir à une dislocation de l'œuvre, sans profit pour aucun
des auteurs. C'est un leurre que de permettre à un musicien de reprendre la musique écrite sur un livret : adéquate aux paroles et aux situations, comment l'adapter à
des paroles et à des situations différentes ? Et c'est généralement aussi un leurre pour le librettiste, qui a écrit
un livret propre à mettre en valeur le tempérament particulier d'un musicien.

L'œuvre dramatico-musicale est donc nécessairement
le produit d'une collaboration réelle. A défaut d'un véritable travail commun, puisque la technique diffère, il y

aura au moins des échanges d'idées, des critiques réciproques, des influences déterminant à des modifications. La nécessité d'une collaboration étroite s'impose à ce point que beaucoup de musiciens écrivent eux-mêmes leurs livrets ; et certains écrivent des livrets pour d'autres : au librettiste il faut une certaine connaissance des ressources et des exigences de la musique, de même qu'au musicien, de la poésie.

A côté du drame lyrique, où le texte est entièrement chanté, il existe d'autres genres d'œuvres dramatico-musicales :

L'*opéra comique*, genre aujourd'hui démodé, et l'*opérette*, où le texte est en partie parlé, en partie chanté. La part de la musique y est moins grande, mais une collaboration étroite y est aussi admissible que dans le drame lyrique (1). Dans ce genre léger, l'union à la parole d'une musique adéquate aboutit à une plus grande intensité d'expression gaie, tendre ou spirituelle, alors que dans le drame il s'agit d'expression tragique : c'est là toute la différence.

Par contre, le *drame avec musique de scène* ne présente pas, par sa nature, les caractères d'une collaboration véritable, et ne peut être considéré comme formant un tout complet et indivisible (2). Quelle qu'ait pu être la valeur

(1) Le consentement des deux auteurs, librettiste et compositeur, est nécessaire pour la représentation d'une opérette : C. de Paris, 19 décembre 1878 (Dalloz, 1880. 2. 62).

(2) La question a été posée devant le tribunal de la Seine (7 juillet 1893, *Droit* et *Gazette des tribunaux* du 9 juillet 1893) ; il s'agissait de *Pêcheurs d'Islande*, drame de M. Pierre Loti. Des coupures avaient été pratiquées dans la partie musicale, et le directeur du théâtre

d'œuvres écrites dans ce genre, la musique n'y fait que souligner certains passages, préparer le spectateur au drame par des préludes et entr'actes appropriés. Et le drame serait parfaitement susceptible d'être joué sans la musique.

Quant au *vaudeville à couplets*, dont la forme actuelle est la *revue*, où les auteurs se contentent d'écrire de nouvelles paroles sur des airs connus, déjà publiés ou exécutés avec un autre texte, il est hors de doute qu'une telle œuvre, qui n'est pas le résultat d'une collaboration, ne saurait être considérée comme indivisible (1).

.˙.

Les œuvres *chorégraphiques* sont classées parmi les œuvres dramatico-musicales ; c'est sous cette rubrique que les mentionnent les législations qui les protègent expressément, et c'est à ce titre qu'elles sont protégées, comme nous le verrons bientôt, en l'absence de dispositions spéciales les concernant.

On peut distinguer trois sortes d'œuvres chorégraphi-

---

invoquait pour sa défense le consentement de l'auteur du drame. « ... Loti n'étant point en cause, il n'y a pas lieu de rechercher s'il a excédé le droit qui appartient à l'auteur des paroles, lorsqu'il s'agit *non d'une véritable partition constituant un tout indivisible, mais d'une musique de scène destinée à accompagner un drame dont elle n'est que l'accessoire.* » V. *Droit d'auteur*, 1893, p. 118, la chronique de M. Darras.

(1) L'air sur lequel doit être chanté le couplet est indiqué au début. Mais les compositeurs des airs indiqués ne peuvent se baser sur cette indication pour exiger l'exécution de leur musique. C. de Nancy, 13 août 1867, Dalloz, 1868. 2. 95 ; Cass., 4 février 1881 Dalloz, 1881. 1. 329-331. V. Huard et Mack, n°ˢ 909, 910, 945.

ques ; la *pantomime*, action mimée accompagnée de musique ; le *ballet* proprement dit, ou *divertissement*, danse accompagnée de musique ; le *ballet-pantomime*, expression la plus complète de l'œuvre chorégraphique, réunissant, avec la musique, la pantomime et la danse (1).

L'œuvre chorégraphique peut donc être constituée soit par la combinaison du drame mimé et de la musique, soit par celle de la danse et de la musique. L'action n'est pas indispensable à la danse, ni la danse à l'action ; mais la musique est nécessairement liée à l'une et à l'autre.

L'œuvre chorégraphique, soit pantomime, soit ballet, étant formée de l'union de deux genres différents, est le résultat d'une collaboration analogue à celle des œuvres dramatico-musicales. Ce caractère de collaboration étroite ressort d'ailleurs nettement du spectacle et de l'audition d'une pantomime ou d'un ballet.

La musique de la pantomime commente continuellement l'action mimée, souligne chaque attitude, chaque geste, devient, proprement, un langage. A tel point, que les musiciens s'ingénient souvent à traduire en spirituelles imitations les intonations de la voix absente (2).

Dans le ballet proprement dit, se rencontre la même

(1) V. plus loin, 2ᵉ partie, ch. I, des développements plus complets sur les œuvres chorégraphiques.

(2) *Contrà* : Trib. de la Seine, 17 juin 1893, *Droit* et *Gazette des tribunaux*, 22 juin 1893. Le tribunal, se basant sur la circonstance de fait, — et suivant en cela la jurisprudence établie, que nous avons exposée et critiquée — que l'œuvre avait été le résultat d'un travail *successif*, se refusa à la considérer comme indivisible.

Auparavant, M. Francisque Sarcey, pris comme arbitre, s'était prononcé pour l'indivisibilité ; ce passage de sa sentence mérite d'être rapporté : comme pour un opéra ou une opérette, « le livret, la

union intime de la musique et de la danse. Ici, c'est généralement la danse qui est réglée sur la musique, écrite
d'abord ; mais la même influence réciproque se retrouve,
que nous avons constatée dans l'œuvre dramatico-musicale : c'est ainsi que le rythme et l'allure de la phrase
musicale se plieront aux exigences de la danse, et que la
musique sera plus vive ou plus alanguie, suivant qu'elle
accompagne des danses légères ou des poses ; que de son
côté la danse se pliera aux développements musicaux.

*
* *

La conclusion, après avoir passé en revue les différents
genres où s'unit le drame, parlé ou mimé, ou la danse, à
la musique — la conclusion se formule d'elle-même : les
œuvres dramatico-musicales, aussi bien que les œuvres
purement littéraires ou purement musicales, non seulement *peuvent être*, mais *sont nécessairement* le produit
d'une véritable collaboration, et il n'y a aucune raison
de ne pas réglementer les droits de leurs auteurs comme
sont réglementés les droits des collaborateurs, auteurs
d'œuvres littéraires.

Au point de vue qui nous occupe du droit d'exécution,
cette façon d'envisager l'œuvre dramatico-musicale comme
étant ou non le produit d'une collaboration, a divisé les

musique forment un tout indivisible, parce qu'il est impossible, deu x
collaborateurs ayant travaillé ensemble, de savoir qui a mis le plus
dans l'œuvre commune : le musicien a pu inspirer des idées de détail au faiseur du livret ; le librettiste a pu influer de même sur la
musique du compositeur. Tous deux sont propriétaires, à titre égal,
de l'œuvre entière, qui doit rester indivise ». V. *Droit d'auteur*, 1893,
p. 107.

législations en deux groupes, consacrant deux systèmes opposés qui aboutissent aux conséquences suivantes :

1° *Au point de vue de la représentation intégrale :*
L'un, considérant l'œuvre dramatico-musicale comme le produit d'une collaboration, accorde à l'auteur et au compositeur le même droit de copropriété sur une œuvre indivise.

L'autre, se refusant à voir là une collaboration, partant une œuvre indivise, considère à part l'œuvre de chacun et accorde un droit prépondérant à l'auteur de la partie jugée principale.

2° *Au point de vue de l'exploitation séparée :*
Dans le premier système, les deux collaborateurs ont un droit égal, le librettiste sur l'exécution à part de la partie musicale, le musicien sur la représentation à part de la partie dramatique.

Dans le second, chacun exerce, séparément, son droit sur sa part.

D'après la jurisprudence française, les co-auteurs d'œuvres dramatico-musicales ou chorégraphiques sont traités comme des collaborateurs ordinaires.

Au point de vue de la représentation intégrale : ils ont un droit égal de copropriété sur l'œuvre indivise. Leur autorisation commune est nécessaire à toute représentation, et leur part dans les bénéfices est égale.

Ce système est strictement appliqué par la *Société des Auteurs et Compositeurs dramatiques* (1) : en principe, et à

(1) V. plus loin, chap. IV.

moins de conventions contraires entre les auteurs, auteur
et compositeur touchent chacun moitié du droit prélevé
sur la recette brute de chaque représentation ; et pour les
œuvres chorégraphiques, les trois collaborateurs : auteur
de l'action, auteur de la partie chorégraphique, et compositeur, touchent chacun un tiers.

Au point de vue de l'exploitation séparée, le même principe a été rigoureusement adopté et appliqué dans toutes
ses conséquences par la jurisprudence, comme en témoigne le jugement suivant du tribunal de la Seine, à la
date du 18 mai 1855, accordant au librettiste un droit
égal à celui du musicien sur l'exécution des parties exclusivement musicales de l'œuvre, telles que l'ouverture
et les morceaux d'entractes :

« Attendu, en effet, que c'est l'auteur des paroles qui
donne au musicien les situations propres à mettre en relief
le génie de ce dernier et qui lui inspire les motifs qui
distinguent son œuvre ; que l'ouverture d'un opéra en
rappelle toujours les situations principales dont elle est
en quelque sorte le reflet par la reproduction des motifs
les plus saillants de l'œuvre, motifs évidemment amenés
par la situation dramatique qu'ils doivent exprimer ; qu'on
ne saurait donc méconnaître que l'ouverture d'un opéra
fait partie intégrante de l'ouvrage, et qu'en conséquence
elle devient au même titre que les passages dialogués une
production commune aux auteurs (1). »

Et la *Société des Auteurs, Compositeurs et Editeurs de*

(1) Trib. de la Seine, 18 mai 1855 ; C. de Paris, 12 juillet 1855,
Dalloz, 1855. 2. 257 ; *Sic* : Trib. de la Seine, 29 novembre 1865, Pa-
taille, 1866, p. 12; C. de Paris, 27 juin 1866, Pataille, 1866, p. 299 ;
Trib. de la Seine, 7 avril 1869, Pataille, 1869, p. 252.

musique, dont l'action s'exerce sur les concerts par opposition aux spectacles,attribue au poète un droit égal à celui du musicien. Le droit réciproque n'a pas grande importance, car la représentation du livret sans la musique serait rare ; cependant, si le cas se produisait,au musicien reviendrait une part égale à celle des librettistes, et son autorisation serait également nécessaire (1).

C'est la meilleure solution, et la plus juste.

Examinons maintenant le second système.

Au point de vue de la représentation intégrale : « S'il y a plusieurs auteurs,dispose l'article 51 de la loi allemande du 11 juin 1870 (2), il faut, pour la représentation publique, le consentement de chaque auteur.

Pour les œuvres musicales accompagnées d'un texte, y compris les œuvres à la fois dramatiques et musicales, il suffit du consentement du compositeur seul. »

C'est une expropriation complète des droits du librettiste sur la représentation (3).

(1) Nous avons remarqué que, dans les revues et vaudevilles à couplets, des paroles nouvelles étaient chantées sur une musique publiée ou exécutée déjà : en conséquence du principe, l'auteur des paroles remplacées par d'autres touche *sur l'exécution de la musique*, bien qu'accompagnée de paroles autres que les siennes, des droits égaux à ceux du compositeur.

(2) Lyon-Caen et Delalain, I, p. 72. Le nouveau projet de loi contient une disposition semblable, art. 27. V. Osterrieth, p. 31.

(3) Cette expropriation est d'autant plus injustifiable que le droit *de reproduction* du librettiste est sauvegardé, du moins en ce qui concerne les poèmes écrits spécialement en vue d'être mis en musique, car des autres, c'est-à-dire de toute poésie, la loi allemande organise un domaine public où tout musicien peut puiser librement, ayant sur tout texte droit de disposition, de publication, de représentation. V. Dunant, nᵒˢ 98 et suiv.

Les lois autrichienne (1) et hongroise (2) contiennent des dispositions semblables (3).

Il ressort de l'exposé des motifs de la loi allemande (4) que cette disposition a été édictée dans la crainte que la nécessité d'un consentement émanant de plusieurs personnes ne fût de nature à gêner l'exécution, et sur la considération (exprimée dans l'article 7 de la loi autrichienne du 19 octobre 1846) (5), que la musique apparaît toujours comme la partie essentielle et le texte comme l'accessoire.

Les motifs invoqués ne soutiennent pas la discussion. D'abord, la crainte de gêner l'exécution par la nécessité du consentement de plusieurs personnes : or, n'est-il pas de l'intérêt du librettiste de ne pas gêner l'exécution de son œuvre (6) ? Quant à l'importance de la partie musicale,

(1) Loi du 19 octobre 1846, art. 7 et 8. D'après l'art. 64 de la loi du 26 décembre 1895 (Lyon-Caen et Delalain, *Suppl.*, p. 32) : « Sont maintenues les lois et prescriptions générales relatives aux représentations publiques... » les articles 7 et 8 de la loi de 1846 semblent encore en vigueur.

(2) Loi du 4 mai 1884, art. 52, Lyon-Caen et Delalain, I, p. 156.

(3) En Russie, le règlement sur la censure et la presse, édition de 1886, art. 47 (Lyon-Caen et Delalain, 10, p. 502), ne fait mention pour la représentation publique que de l'autorisation du compositeur. D'après un nouveau projet de loi « concernant le droit d'auteur sur les œuvres musicales, art. 13 (*Droit d'auteur,* 1899, p. 9), le droit d'auteur sur une œuvre musicale accompagnée d'un texte appartient, *en entier*, au compositeur, à moins de convention contraire entre le compositeur et l'auteur du texte.

(4) Dunant, n° 101.

(5) « Le texte du chant se rapportant à une œuvre musicale est considéré comme un accessoire de la composition. » Lyon-Caen et Delalain, I, p. 127.

(6) Comme la question de la réglementation des différends entre collaborateurs ne présente pas d'intérêt spécial en matière d'œuvres musicales, et d'ailleurs, s'agissant spécialement de l'exploitation de ces œuvres, eût été de nature à entraîner des développements en

sur laquelle on se fonde pour attribuer au seul compositeur le droit de représentation, c'est ravaler singulièrement le rôle du librettiste — qui quelquefois, souvent même,contribue autant et plus que le musicien au succès de l'œuvre, par une action intéressante et passionnante — que de considérer sa part comme tellement négligeable.

Et, pour être logique, la loi devrait accorder expressément le droit exclusif de représentation, *dans chaque genre, à l'auteur de la partie principale*. La loi suédoise (1) dispose expressément que le consentement exigé est celui de la partie principale ; de là, dans les genres où le texte peut être considéré comme la partie essentielle et la musique comme l'accessoire, le consentement de *l'auteur* seul doit suffire. Or cette question n'est pas résolue par les lois allemande et autrichienne : et l'on se demande à qui revient d'autoriser la représentation d'un drame avec musique de scène ou d'une pièce à couplets.

La loi italienne (2) se rattache au même système. Seulement, elle n'a prévu que le cas de l'*édition*, donnant au musicien le droit de disposer du texte et de la musique pour la publication intégrale. Aussi, en ce qui concerne

dehors du sujet — nous n'avons pas cru devoir la faire entrer dans le cadre de cet ouvrage.

Il en est de même des autres questions pouvant se rattacher à la collaboration en général — et de celle de la *durée* du droit de représentation.

(1) Loi du 28 mai 1897, art. 20, *Droit d'auteur*, 1897, p. 123. La loi norvégienne du 8 juin 1876, art. 31 (Lyon-Caen et Delalain, I, p. 444) contenait une disposition analogue : la nouvelle loi du 4 juillet 1893, art. 7 (*ibid.*, *suppl.*, p. 59) applique les règles générales de la collaboration : le consentement de tous les auteurs est exigé pour la représentation intégrale.

(2) 19 septembre 1882, art. 2, Lyon-Caen et Delalain, I, p. 383.

la représentation, des opinions différentes ont-elles pu
être émises.

M. Rosmini (1) est d'avis que le musicien possède le
même droit exclusif, qu'il peut donner une œuvre au théâtre qu'il lui plaît, « sauf les droits, bien entendu, du poète ».
Il y a là une différence sensible : le droit exclusif du compositeur serait celui d'autoriser ou d'interdire, et l'auteur ne serait pas privé de la partie pécuniaire du droit
de représentation.

M. Panattoni (2) pense, au contraire, que l'article 6 ne
concerne que le cas spécial de l'édition : « sous ce rapport,
les deux manifestations, poème et musique, peuvent être
considérées séparément et servir à des usages différents,
mais, s'il s'agit d'exécution théâtrale, les deux droits se
confondent ensemble et donnent lieu à des rapports d'une
étroite copropriété ». Une distinction entre publication et
représentation à ce sujet est bien peu acceptable — en
quoi la notation d'une œuvre faite en vue de la représentation présenterait-elle un caractère de divisibilité qui
n'aurait pas la représentation elle-même ? — mais M. Panattoni a évidemment raison dans sa conclusion. Quels
que soient les motifs qui aient pu pousser le législateur
italien à cette distinction entre la publication et la représentation, il est certain, comme le fait très justement remarquer M. Dunant (3), que le droit que certaines législations
ont cru devoir accorder au compositeur sur le texte est un
empiétement exceptionnel, une faveur plutôt qu'un droit ;
et, comme un texte spécial fait défaut, une faveur ne se
peut présumer.

(1) *Journal de droit international privé*, 1890, p. 625.
(2) *Le droit de traduction et le théâtre*, p. 9.
(3) Dunant, n° 106.

Au point de vue de l'exploitation séparée :

La conséquence d'un système qui ne considère pas l'œuvre formée de paroles et de musique comme présentant les caractères d'une collaboration, est de laisser à chacun la propriété de sa part dans l'œuvre commune, au cas d'exploitation séparée.

Cela au préjudice de l'un des collaborateurs ; l'auteur, car si l'on n'exécute fréquemment une ouverture, des morceaux d'entr'actes ou des fantaisies purement musicales (1), la représentation sans musique du livret est bien rare ; toutefois au cas où de telles représentations seraient organisées (2), le librettiste aurait un droit exclusif.

⁎
⁎ ⁎

L'indépendance quant à l'exploitation séparée est expressément consacrée par des lois (Belgique, Monaco, Norvège) (3) qui, au point de vue de la représentation intégrale, se rattachant au système français, exigent le consentement commun des deux auteurs.

C'est un système intermédiaire, participant des deux, qui a l'avantage d'être simple, mais paraît peu logique :

---

(1) Nous verrons dans le chapitre suivant quelle est l'importance considérable des arrangements dans l'exploitation des œuvres dramatico-musicales.

(2) V. *Droit d'auteur*, 1892, p. 84, une allusion à des représentations de *Freïschütz* et de *Don Juan* en Allemagne, par des acteurs ambulants où la musique avait été supprimée sous prétexte qu'elle eût été gênante (Schuster).

(3) Belgique, 22 mars 1886, art. 18 ; Lyon-Caen et Delalain, I, p. 176 ; Monaco, 27 février 1889, art. 7 (cet article n'a pas été modifié par l'ordonnance du 3 juin 1896), *ibid.*, I, p. 424 ; Norvège, 4 juillet 1893, art. 7, *ibid.*, *suppl.*, p. 59.

— admettant quand il s'agit de la représentation intégrale le principe de la collaboration entre poëte et musicien, donnant des droits égaux sur l'œuvre indivise —
ne l'admettant plus lorsqu'il s'agit de l'exploitation séparée.

III

Arrangements.
**Diverses sortes d'arrangements ; l'arrangement considéré comme
mode d'exploitation de l'œuvre musicale.**
Le droit de l'arrangeur et le droit de l'auteur primitif.

L'arrangement est un mode d'exploitation d'une œuvre
particulier au domaine musical.

On comprend sous cette dénomination de nombreux travaux d'espèce différente, dont l'énumération et la classification, faute d'une terminologie précise, sont assez délicates.

En raison des innombrables façons dont une œuvre musicale peut être présentée, par l'utilisation et la combinaison des ressources vocales et instrumentales, une œuvre, tout en étant scrupuleusement respectée dans son essence, dans son texte même, peut être transcrite soit pour une seule ou plusieurs voix, soit pour un seul ou plusieurs instruments : ce sont les *transcriptions* proprement dites (1).

---

(1) Pour la voix, c'est l'adaptation de paroles à une mélodie écrite pour un instrument ; — pour les instruments, l'adaptation inverse d'une mélodie destinée à être chantée, ou à être jouée par un instrument différent ; — l'instrumentation est l'adaptation à l'orchestre d'un morceau écrit pour un seul instrument (le piano) — à un groupe d'instruments plus nombreux, un orchestre plus complet, d'un morceau écrit pour orchestre réduit, ou inversement. Des arrangements peuvent être faits, en raison des difficultés d'exécution, du degré de science de l'instrument, de « mécanisme » de l'exécutant, pour le

Une autre espèce d'arrangements consiste en des développements nouveaux. Ici, il ne s'agit plus d'une transcription pure et simple : le texte même est modifié quelquefois, augmenté le plus souvent. A cette catégorie appartiennent les *variations*, en entendant par ce terme tout travail qui consiste à présenter un thème sous des aspects successifs divers et originaux, par l'adjonction de broderies, par des modifications successives du rythme et parfois de l'harmonie.

Enfin, on peut comprendre dans une troisième catégorie les arrangements qui consistent dans une sorte de juxtaposition de thèmes divers empruntés soit à un seul, soit à plusieurs ouvrages très développés, aux œuvres dramatico-musicales en général : *fantaisies, pots-pourris* (1).

Il est difficile de trouver ailleurs, dans d'autres domaines, d'autres travaux auxquels l'arrangement musical se puisse comparer. Peut-être les développements nouveaux pourraient-ils être assimilés, en littérature, à l'adaptation d'un roman en pièce de théâtre et *vice versa*, peut-être les simples transcriptions n'altérant en rien le texte, pourraient-elles plus justement présenter quelque analogie, dans le domaine des arts plastiques, avec les diverses reproductions d'une œuvre de sculpture ou de peinture. Mais une assimilation générale serait hasardeuse ; et les

---

même instrument en vue duquel a été écrite l'œuvre originale : soit en augmentant les difficultés, soit en les réduisant, ce qui lui est plus fréquent.

Les modes d'arrangement de cette nature varient à l'infini.

(1) Cette classification est, à peu près, celle qui fut établie dans un parère d'experts, au cours d'un procès italien. Cour de Milan, 28 juin 1892, arrêt cité plus loin, p. 45.

assimilations qui ont pu être faites à des traductions (1),
ou à des citations (2), se justifient difficilement.

Au point de vue pécuniaire, l'arrangement constitue
l'un des plus fructueux parmi les modes d'exploitation
d'une œuvre musicale. C'est le procédé de vulgarisation
des œuvres à succès.

En ce qui concerne les arrangements que nous avons
classés dans un premier groupe, les simples *transcriptions*,
c'est par là que l'œuvre devient accessible à tout exécutant ou à tout groupe d'exécutants, quelles que soient les
ressources vocales ou instrumentales disponibles (3).

Les arrangements du second groupe sont écrits le plus
souvent en vue de l'exécution par des virtuoses, dans le
but de mettre en valeur les diverses ressources d'un instrument (4). Ici — c'est le cas de la plupart des variations

(1) Renouard, p. 68.

(2) Calmels, n° 183 ; Amar, *Dei diritti degli autori*, V. *Droit d'auteur*, 1893, p. 147.

(3) Tel morceau d'orchestre écrit pour l'exécution dans les grands
concerts donnera lieu à une multitude de transcriptions : une réduction pour *petit orchestre*,une autre pour *quatuor*, en permettront
l'exécution dans des concerts de moindre importance ; une transcription pour *harmonie*, une autre pour *fanfare*, seront faites en
vue des concerts donnés par les sociétés d'amateurs ; d'autres pour
un *instrument* solo (violon, violoncelle, etc.) avec accompagnement
de piano, pour les soirées intimes ; enfin, très fréquemment, une
poésie exprimant un sentiment adéquat, et d'une coupe appropriée,
sera écrite, qui rendra l'œuvre accessible aux chanteurs.

(4) C'est du moins sous cette forme de *morceaux de concert* desti-
nés à faire valoir les ressources diverses d'un instrument et à mettre
en valeur le talent d'un instrumentiste, que les *variations* constituent véritablement un mode d'exploitation de l'œuvre.

Toutes les variations ne se présentent pas sous cet aspect : à ce
genre de « compositions sur un thème donné » appartiennent aussi

— une seule mélodie sert de thème, énoncée d'abord de façon simple et claire, puis se présentant successivement sous des aspects divers.

Enfin, les arrangements du troisième groupe, qui consistent en un choix de mélodies reliées entre elles, exigent de l'arrangeur un travail particulier de raccordement, si l'on peut dire, consistant à réunir en un seul morceau les mélodies ainsi détachées ; ils s'appliquent surtout aux œuvres dramatico-musicales. Les morceaux qui dans l'œuvre ont eu le plus de succès sont ainsi présentés ensemble, dans une sorte de résumé de l'œuvre entière, où le public retrouve avec plaisir tous les airs qu'il préfère. Ces *fantaisies* peuvent être destinées aux concerts, faisant entendre successivement les morceaux sans les classer suivant le rythme ; d'autres fois, groupant à part les morceaux du même rythme, elles forment des suites d'airs de danse, utilisées comme musique de bal (1).

L'exploitation sous forme d'arrangements nombreux et divers était une pareille source de bénéfices — et l'arrangement n'étant d'ailleurs, quel qu'il soit, qu'une reproduction de l'œuvre originale — on comprend que le *droit*

des œuvres dont la facture exige des connaissances approfondies ; certaines variations et les *fugues* étant, parmi les procédés de développement de la technique musicale, ceux qui, volontiers employés autrefois par les maîtres classiques, font aujourd'hui l'objet d'exercices scolastiques. Etant par là peu accessibles au public, de tels arrangements ne peuvent guère être considérés comme un mode de vulgarisation d'œuvres à succès : elles constituent plutôt des travaux intéressants de musiciens habiles et sont d'ailleurs, aujourd'hui, fort rares.

(1) Les rythmes de deux temps se prêtant à l'arrangement en forme de polka, et les rythmes de trois temps, suivant leur caractère, à l'arrangement en forme de mazurka ou de valse.

d'arrangement appartienne à l'auteur. « S'il est vrai (1) qu'un travail d'arrangement peut constituer une œuvre nouvelle, et par suite donner ouverture à un droit de propriété au profit de l'arrangeur, il est évident que ce droit est subordonné à l'autorisation préalable de l'auteur primitif. »

C'est la solution admise, en l'absence de textes spéciaux, par la jurisprudence française (2) ; c'est le principe adopté, sans réserve, par les lois belge (3) et espagnole (4).

*
* *

En examinant les différents genres d'arrangements, nous avons vu que certains étaient plus qu'une simple adaptation ne nécessitant qu'une habilité technique : ce sont les variations et les « compositions sur un thème donné » en général. Au lieu de se borner à une transcription simple et facile, l'arrangeur, bien que développant l'idée d'un autre musicien, peut la développer d'une façon vraiment originale et intéressante, nécessitant plus d'habileté technique et un travail beaucoup plus considérable que n'en exigent les arrangements ordinaires, et présentant une plus grande part de création personnelle. C'est ce qui explique que la convention de Berne du 9 sep-

---

(1) C. de Paris, 20 novembre 1857 (Pataille, 1857, p. 455).

(2) Trib. de la Seine, 30 mai 1827 (Dalloz, v° *Propr. litt.*, n° 377); C. de Paris, 12 juillet 1855 (Dalloz, 1855.2.257) ; Trib. de la Seine, 4 mars 1887 (*Droit*, 12 mars 1887) ; C. de Paris, 5 mai 1887 (*Droit*, 14 mai 1887). — V. Huard et Mack, 800, 903. — V. Pouillet, n° 556 ; Darras, n° 76.

(3) Loi du 22 mars 1886, art. 17; Lyon-Caen et Delalain, I, p. 176.

(4) Loi du 10 janvier 1879, art. 7, *ibid.*, 1, p. 210.

tembre 1886 (1) et de nombreuses lois intérieures (2) aient
pu considérer les arrangements de cette nature comme
de véritables *œuvres originales*, et en conséquence accorder à leurs auteurs *les droits d'un auteur original.*

La difficulté est de reconnaître, au moyen de ce critérium d'originalité, quels sont les arrangements qui béné-
ficient de ces dispositions, et sur lesquels l'arrangeur possède le droit exclusif d'un auteur, en dehors de toute
autorisation de l'auteur primitif.

« Œuvres originales » — cette qualification généralement adoptée élimine d'abord le premier groupe d'arrangements, ceux qui consistent dans des simplifications,
réductions, ou transcriptions pour d'autres instruments.
Il faut, évidemment, pour constituer une œuvre présentant un caractère de personnalité tel, qu'elle puisse être
en ce sens considérée comme originale, autre chose qu'un
simple travail d'adaptation qui ne modifie en rien le texte
primitif : il faut des développements nouveaux.

Cela posé, les auteurs ont cherché à préciser davantage.

En Allemagne, où la question a été fort discutée, ils
ont abouti à des solutions diverses : — les uns n'admettant
que les variations, et parmi elles certaines seulement :

(1) Art. 10.
(2) Allemagne, loi du 11 juin 1870, art. 46, Lyon-Caen et Delalain,
I, p. 70 ; Autriche, loi du 26 décembre 1895, art. 33, 1°, *ibid., suppl.*,
p. 24 ; Hongrie, 4 mai 1884, art. 46, *ibid.*, I, p. 155 ; Italie, 19 septembre 1892, art. 3, *ibid.*, I, p. 382 ; Monaco, ord. 27 février 1889,
art. 17, *ibid.*, I, p. 427 ; Norvège, 8 juin 1876, art. 13, *ibid.*, I, p. 440 ;
Russie, règlement sur la censure et la presse, édition de 1886, art.
48, *ibid.*, I, p. 502. V. nouveau projet de loi, même disposition,
art. 39, al. 1 ; *Droit d'auteur*, 1900, p. 4.

les véritables variations, d'après M. Schuster (1) ; Kohler n'admet même que celles où l'on ne peut reconnaître le thème, ce qui est excessif, les variations consistant dans les reproductions successives d'un thème, — d'autres, comme Kadlec, admettant en outre certains pots-pourris, tolérant par là de simples juxtapositions de thèmes (2).

Il est difficile de faire *a priori* de telles distinctions.

La Cour de Milan (arrêt du 28 juin 1892) (3), interprétant l'article 3 de la loi italienne, conclut à un critérium qui consisterait dans le nombre des motifs employés : un seul ou plusieurs ; ce qui éliminerait les fantaisies ou pots-pourris sur des motifs d'opéra, n'admettant au bénéfice de l'article 3 que les seules variations. Mais toute variation ne peut être, *a priori*, considérée comme « œuvre originale » : si certaines sont vraiment intéressantes — et c'est à celles-là que M. Schuster, très justement, faisait allusion — d'autres, et c'est le plus grand nombre, uniquement écrites dans le but de mettre en relief le talent d'un virtuose, avec le souci de la technique particulière de l'instrument bien plutôt que celui d'ingénieux développements musicaux, n'ont pas grande valeur artistique.

(1) V. Dunant, n° 130.
M. Schuster semble avoir eu en vue les variations dont nous avons parlé plus haut, p. 41, note 4.
(2) Un des commentateurs, Klostermann (Dunant, p. 151), déclare que le principe de cette distinction serait excellent « si les juges étaient en même temps de bons musiciens ou si les musiciens étaient en même temps de bons juges ». Aussi, en prévision du défaut de capacités spéciales des magistrats, les lois allemande et hongroise ont-elles institué des commissions d'experts. Allemagne, instruction sur l'organisation et les fonctions des commissions d'experts, 12 septembre 1870, Lyon-Caen et Delalain, I, p. 99 ; Autriche, loi du 26 décembre, 1895, art. 63, *ibid.*, *suppl.*, p. 32.
(3) *Droit d'auteur*, 1893, p. 59.

M. Rosmini, commentant cet arrêt (1), n'admet pas un tel critérium ; il est d'avis que la loi a été mal interprétée, la Cour ayant interprété « *un* motif » par « *un seul* motif » ; il cite des *fantaisies sur plusieurs motifs* qui sont « de véritables œuvres d'art, auxquelles on ne peut refuser le caractère de productions originales : telles les fantaisies pour piano par Liszt ou Thalberg, pour violon par Vieuxtemps ou de Bériot, sur des opéras de Rossini, Meyerbeer, etc.

« Personne, dit-il, n'a jamais pensé qu'ils pouvaient être appelés en justice à répondre de contrefaçon ! »

Il admet donc que, outre les variations, des *fantaisies*, juxtapositions de motifs, peuvent bénéficier de la qualification d'œuvres originales.

C'est-à-dire, en somme, tous arrangements, sauf les simples transcriptions, que nous avons classées dans la première catégorie, éliminées dès l'abord.

D'autres commentateurs discutent sur le sens du mot « motif » ; le rapporteur de la loi, M. Scialoia (2), entend par ce terme la mélodie tout entière, alors que M. Clausetti (3) paraît admettre le sens restreint donné par M. Kohler (4) dans une ingénieuse analyse : la *mélodie* étant le développement, la combinaison de plusieurs *motifs* (de plusieurs *formules* musicales, pourrions-nous dire) par l'imagination du musicien, et personne n'ayant de droits sur l' « *imaginære* Bild » créée par celui-ci ; l'utilisation

(1) *Droit d'auteur,* 1893, p. 59.
(2) V. Dunant, n° 132.
(3) De la reproduction du motif musical par rapport à la théorie de la nouvelle œuvre d'art, Milan, 1892.
(4) *Das litterarische und artistische Kunstwerk und sein Autorschutz.* V. *Droit d'auteur,* 1892, suppl. bibl.

du seul *motif* ainsi entendu étant licite. Distinction qui, présentée à ce propos, nous semble de nature à créer une nouvelle confusion : excellente et très juste, s'il s'agit de déterminer le *plagiat*, elle est inopportune en matière d'arrangements, où il s'agit évidemment de l'utilisation d'une ou plusieurs *mélodies* développées comme telles, de *phrases musicales* complètes, ayant une signification propre.

Il est impossible d'établir un critérium permettant de distinguer entre les arrangements licites et ceux qui ne le sont pas. Le « caractère d'originalité » ne peut être apprécié que pour chaque œuvre séparément. Cela établi, on voit combien une disposition permettant certains arrangements est en dehors des principes généraux de la propriété artistique : jamais la *valeur* de l'œuvre ne doit être prise en considération.

Au reste, l'arrangement, quelle qu'en soit la valeur, consiste toujours dans l'utilisation de la pensée et du travail d'autrui. Une contrefaçon, fût-elle supérieure à l'œuvre contrefaite, n'en est pas moins une contrefaçon et doit être interdite comme telle. D'autant que c'est généralement comme utilisation *intéressée* de l'œuvre d'autrui qu'apparaissent ces œuvres. « Tous ceux, dit M. Dunant (1), qui s'occupent un peu des questions musicales savent en quoi consistent ces fameuses transcriptions et ces brillantes fantaisies dont le marché musical est inondé ; elles sont faites la plupart du temps dans un intérêt commercial et sont pour leurs auteurs une source abondante de bénéfices... Les Thalberg et les Liszt eux-mêmes, ces

(1) P. 151.

maîtres de l'art.... n'ont jamais composé sur des thèmes vulgaires ou insignifiants sous prétexte qu'ils pourraient par un « remaniement artistique » en faire des œuvres nouvelles goûtées et appréciées du public ; ils ont au contraire toujours choisi les mélodies les plus saillantes des Mozart, des Donizetti et des Meyerbeer. » Pourquoi, en effet, ces œuvres auront-elles tant de succès dans les concerts ? D'abord par leur mérite propre, soit, mais n'est-ce pas aussi parce qu'elles font entendre de nouveau au public des airs qu'il connaît et qu'il aime ?

Outre que, au point de vue de son droit moral, l'auteur pourrait considérer comme un travestissement ridicule de sa pensée ce que d'autres considèrent comme une œuvre artistique, il est de toute justice de laisser au compositeur tous les bénéfices que son œuvre est susceptible de lui procurer ; et la disposition que nous étudions apparaît comme une grave restriction à ses droits, d'autant plus grave qu'elle est plus vague.

« On comprend, dit M. Lyon-Caen (1), qu'une telle réserve, en laissant au juge un pouvoir très large d'appréciation, donne au droit des compositeurs des limites fort incertaines. »

Aussi le nouveau projet de loi allemand s'est-il inspiré de ces considérations : l'article 14 alinéa 2 interdit toute utilisation d'une œuvre musicale, par laquelle des mélodies distinctes sont empruntées à l'œuvre pour servir de base à un travail nouveau, et les motifs (2) expliquent : « La plainte est générale que le droit actuel qui permet le remaniement des motifs et mélodies est une source de

(1) Lois françaises et étrangères sur la propriété littéraire et artistique, introduction, p. XLVI.
(2) Osterrieth, p. 27.

confusion et favorise l'exploitation illicite. Ainsi on crée des variations, fantaisies, pots-pourris, etc., en se servant de mélodies originales, ce qui, dans la plupart des cas, n'exige que la simple application de la technique musicale et cache uniquement le désir de tirer profit de l'œuvre d'autrui. Il est fort difficile d'établir où commence l'activité vraiment artistique de l'adaptateur... Il n'y a pas à craindre que le travail créateur en matière musicale soit par là trop entravé, étant donné le grand nombre d'œuvres du domaine public. »

*
* *

Nous venons d'examiner le cas où l'arrangeur a sur son arrangement tous les droits d'un auteur : partant, le droit exclusif d'exécution.

C'est l'exception.

Dans le cas général, celui où l'autorisation de l'auteur primitif est nécessaire, une nouvelle question se pose :

L'arrangeur autorisé a-t-il tous droits sur son arrangement ?

L'autorisation *de faire* implique-t-elle pour l'arrangeur le droit d'exécution ?

D'après un premier système, le droit exclusif d'exécution appartient à l'arrangeur.

C'est par suite d'une assimilation, à ce point de vue, de l'arrangement à la traduction, que dans la plupart des législations l'arrangeur possède sur son arrangement les mêmes droits que le traducteur sur sa traduction. Le droit de représentation de la traduction appartenant au traducteur, le droit d'exécution de l'arrangement appartient à l'arrangeur (1).

(1) Cette assimilation à la traduction entraîne cette conséquence,

Ce principe a été admis, en l'absence de textes, par la jurisprudence belge : « ... Attendu qu'il n'y a pas lieu de rechercher si Métra et Arban, en composant les arrange-

que là où sont protégées les seules traductions, *licites*, là sont seuls protégés les arrangements *autorisés* : Autriche, loi du 26 décembre 1895, art. 30, Lyon-Caen et Delalain, *suppl.*, p. 25 ; Espagne, l. 10 janvier 1879, art. 2,2°, *ibid.*, I, p. 207 ; Monaco, ord. 27 février 1889, art. 5, *ibid.*, I, p. 424 ; Norvège, l. 4 juillet 1895, art. 4, et 5, *ibid.*, *suppl.*, p. 57 ; Suède, l. 28 mai 1897, art. 4, *Droit d'auteur*, 1897, p. 122.

Par contre, là où le principe est adopté, en matière de reproduction, que « la contrefaçon d'une traduction illicite n'en est pas moins une contrefaçon et doit être interdite comme telle » (commission d u *Reichstag* allemand, discussion de la loi du 11 juin 1870, V. Dunant, n° 42) — par panalogie, en matière de représentation, la représenta-tion illicite d'une traduction non autorisée n'en est pas moins une représentation illicite, donc l'exécution illicite d'un arrangement non autorisé n'en est pas moins une exécution illicite, interdite comme telle ; et l'arrangeur non autorisé a le même droit sur l'exécution de son arrangement que l'arrangeur autorisé. — Italie, l. 19 septembre 1882, art. 13, Lyon-Caen et Delalain, I, p. 387 ; Suisse, l. 23 avril 1883, art. 2, al. 4, *ibid.*, I, p. 537. C'est à cette solution que se rattache le jugement du tribunal de Bruxelles cité dans la note suivante.

Il est à remarquer que les lois allemande (11 juin 1870, art. 50, al. 4) et hongroise (4 mai 1884, art. 53), ayant posé ce principe en matière de reproduction, y dérogent en matière de représentation : ce qui proviendrait d'une erreur de rédaction, les mots « licitement publiés » du projet primitif allemand, ayant été rayés dans l'article 6 concernant le droit de reproduction, ne l'ont pas été par suite d'un oubli, dans l'article 50 concernant le droit de représentation ; et l'erreur commise dans la loi allemande fut reproduite dans la loi hongroise (Dunant, n° 149), si bien qu'au point de vue du droit d'exécution, ces lois se trouvent consacrer le même principe que celles qui bornent la protection aux traductions, partant aux arrangements, licites.

Pratiquement, cette distinction — qu'il était nécessaire de signaler — ne présente pas grand intérêt. Car s'il est reconnu un droit à l'arrangeur non autorisé, celui-ci ne pourra l'exercer que tant que l'exercice ne lui en sera pas interdit par l'auteur primitif.

ments en question, ont eux-mêmes porté atteinte au droit d'auteur d'un tiers, cette infraction, dont aucune preuve n'est rapportée, ne les empêchant pas d'être *les auteurs desdits arrangements* et d'en exercer *les droits* aussi long-temps que cet exercice ne leur sera pas interdit (1)... »

D'après un second système, qui est celui de la juris-prudence française, la seule autorisation de l'arrangeur n'est pas suffisante pour permettre l'exécution. Cela est juste et logique. Car certaines œuvres peuvent être rare-ment exécutées sous leur forme primitive, et l'être fré-quemment sous celle de l'arrangement. Les bénéfices pro-venant du droit d'exécution ne peuvent donc revenir à l'arrangeur, dont le travail, d'habileté technique plutôt que d'imagination créatrice, d'un artisan plutôt que d'un artiste, ne peut créer à son profit un droit à des profits qui peuvent être plus considérables que ceux que réaliserait l'auteur primitif par l'exercice de son droit sur l'exécution de l'œuvre originale. Donner à l'arrangeur les profits pé-cuniaires résultant de l'exécution de son arrangement, ce serait, parfois, lui donner plus qu'au véritable au-teur.

Cette question s'est posée devant le tribunal de la Seine, le 30 mai 1857 (2), au sujet d'une exécution d'arrangements autorisée par les seuls arrangeurs, et en vue de laquelle l'autorisation des auteurs primitifs n'avait pas été solli-citée.

Des chefs de musique militaire avaient été cités comme

(1) Trib. corr. de Bruxelles, 24 mai 1887, *Droit d'auteur*, 1878, p. 94.

(2) Trib. de la Seine, 30 mai 1857 ; C. de Paris, 10 juillet 1857, *Bull. soc. mus.*, n° 10, p. 32 et suiv.

témoins. Souvent, ainsi que les directeurs de sociétés d'a-
mateurs, ils écrivent, soit pour la seule exécution par le
groupe d'exécutants qu'ils dirigent, soit en vue de la publication, des fantaisies sur des œuvres aimées du public,
et dont le succès dans les concerts est par cela même assuré. Recevant fréquemment l'autorisation des compositeurs de faire ces arrangements, ils avaient pensé qu'ils
en devenaient ainsi propriétaires. Des musiciens célèbres
— Auber, Halévy, Clapisson, Victor Massé, — répondirent à ces prétentions par une déclaration ainsi conçue :

« Je, soussigné, déclare par les présentes, que j'ai pu
donner, soit directement, soit par mon éditeur étant à mes
droits, à des compositeurs ou chefs d'orchestre l'autorisation de composer des fantaisies ou autres morceaux d'orchestre ou de piano sur mes opéras... Que cette autorisation ne saurait infirmer en quoi que ce soit mes droits tels
qu'ils résultent de la loi du 19 janvier 1791 et l'article 428
du Code pénal, n'ayant point entendu notamment que cette
autorisation allât jusqu'à permettre l'audition en public
et dans un établissement payant de tout ou partie de mes
œuvres..... »

L'autorisation doit être donnée non seulement par l'arrangeur, mais aussi par l'auteur primitif. C'est ainsi que la
question a été réglée par la Société des auteurs, compositeurs et éditeurs de musique, dans une décision du 23 juin
1899 (1) : les *droits*, c'est-à-dire les bénéfices provenant de
l'exercice du droit d'exécution, sont ainsi répartis : après
avoir attribué, comme il est d'usage dans cette société (2),
un tiers à l'éditeur, un autre tiers revient au composi-

____

(1) *Bull. soc. mus.*, n° 51, année 1899-1900, p. 134.
(2) **V.** plus loin, 3ᵉ partie, ch. **IV.**

teur, et le troisième est partagé entre l'auteur des paroles et l'arrangeur : celui-ci touche 1/6 (1).

*
* *

Après avoir vu, dans ces trois premiers chapitres, au sujet de chaque sorte d'œuvres musicales, quels sont les différents titulaires du droit d'exécution, nous allons examiner comment a été organisé l'exercice de ce droit : comment les auteurs sont arrivés, par une union féconde, à tirer de l'exécution de leurs œuvres les bénéfices qu'ils pouvaient en attendre.

(1) Remarquons en passant la façon dont est réglée la part qui revient à l'auteur des paroles au cas d'exploitation séparée de la partie musicale de l'œuvre dramatico-musicale écrite en collaboration. C'est en effet sous la forme d'arrangements que l'œuvre est communément exploitée de cette façon ; la rémunération de l'arrangeur est prise sur la part qui revient à l'auteur des paroles, la diminuant de moitié : on comprend que, la partie musicale seule étant exécutée, le musicien (compositeur primitif) ait une part prépondérante.

IV

Exploitation directe par l'auteur.
Raisons de l'exploitation directe ; nécessité de l'association des auteurs.
Les sociétés d'auteurs en France :
—Droit de représentation : Société des Auteurs et Compositeurs dramatiques.
—Droit d'exécution: Société des Auteurs, Compositeurs et Éditeurs de musique.
— Attributions respectives ; organisation.
Sociétés établies sur les mêmes bases que les sociétés françaises ; société italienne, société autrichienne.

Si les auteurs cèdent aux éditeurs le droit de reproduction, c'est que, comme nous l'avons vu, l'édition exige — l'édition musicale tout particulièrement — des frais considérables et des relations commerciales assurant le débit des œuvres une fois publiées. Les éditeurs seuls, disposant de capitaux qui leur permettent de courir les risques des échecs et de profiter des succès, sont à même d'exploiter les œuvres musicales par la publication.

Il n'en est pas ainsi de l'exploitation par l'exécution publique.

Ici, rien ne s'oppose à l'exploitation directe : peu de frais à supporter, aucun risque à courir.

Tout invite l'auteur à l'exploitation sans intermédiaire ; car sa rémunération sera ainsi en proportion du succès de son œuvre. C'est le système de répartition le plus équitable qui soit : le plus adéquat à l'usage fait par le public.

Enfin, s'agissant d'œuvres musicales, il est essentiel que l'auteur reste titulaire de son droit d'exécution, l'exécution étant,comme nous l'avons vu (1),le mode de reproduction propre aux œuvres musicales, et cette reproduction étant constante, ayant lieu continuellement, de tous côtés. A chaque instant, le compositeur a l'occasion d'exercer ses droits sur son œuvre en vue d'en exiger une reproduction fidèle : à cet égard les œuvres musicales diffèrent sensiblement des œuvres faites pour la lecture, au sujet desquelles le droit moral de l'auteur ne s'exerce qu'une fois pour toute, au moment de l'impression. Or, le droit aux bénéfices étant ici intimement lié au droit d'autoriser ou d'interdire, en ce que le paiement de tantième est, dans la pratique, la condition mise au consentement, seul le titulaire du droit moral peut exercer le droit pécuniaire : c'est à la seule condition de pouvoir, le cas échéant, obliger au paiement par la menace de l'interdiction, qu'est possible l'exploitation par l'exécution publique.

***

Il ne suffit pas que les législations proclament les droits de l'auteur, pour que celui-ci soit à même de les exercer réellement. Comment, en effet, un auteur isolé pourrait-il être à même de réclamer sur les bénéfices provenant de chaque représentation ou exécution de son œuvre, la part qui lui est due ? Comment pourrait-il, réduit à ses seules forces, imposer aux entrepreneurs de spectacles le paiement d'un droit ? Au moyen de quelles ressources lui serait-il possible d'intenter des procès presque aussi fréquents, au début, que les exécutions de son œuvre ? Et d'abord,

(1) V. plus haut (introduction).

comment saura-t-il que cette œuvre, publiée, dont les exemplaires sont à la disposition de tous, aura été exécutée, dans quel lieu, et à quelle date ?

« Aux forces associées et solidaires des grandes unions, dit M. Rosmini (1), était réservé le bonheur d'obtenir le respect de la loi et des droits de l'esprit. La France a donné au monde l'exemple de ce que peut l'association. »

C'est, en effet, en France que les associations d'auteurs ont été pour la première fois organisées. Et les sociétés d'auteurs français, aujourd'hui très prospères, sont restées les modèles de ce genre d'associations.

Deux sociétés existent en France, dont les attributions sont très nettement délimitées, non seulement par leurs buts spéciaux, mais par des accords intervenus entre elles. L'une, la société « des auteurs et compositeurs dramatiques », réunit les auteurs et les compositeurs qui écrivent pour le théâtre, et exerce le droit de représentation ; l'autre, la société « des auteurs, compositeurs et éditeurs (2) de musique », exerce le droit d'exécution des poètes et des musiciens d'œuvres destinées au concert.

*
* *

La fondation de la *Société des auteurs et compositeurs dramatiques* remonte à une date très éloignée : aux décrets de 1791. Le promoteur de cette association fut Beaumarchais ; à côté de lui deux musiciens, non des moindres : Grétry et Dalayrac, s'y employèrent activement.

(1) *Droit d'auteur*, 1892, p. 86.

(2) Nous verrons plus loin (3ᵉ partie, chap. IV) par suite de quelles nécessités économiques, dans l'intérêt bien entendu des auteurs, cette société a dû admettre les éditeurs.

On ne saurait mieux montrer la nécessité d'une association qu'en citant le passage suivant de Beaumarchais extrait d'une pétition « contre l'usurpation des propriétés des auteurs par les entrepreneurs de spectacles, lue par l'auteur au comité d'instruction publique le 23 décembre 1791 (1) ».

« Je disais un jour à l'un d'eux (un directeur de théâtre) : Mais si les temps sont si fâcheux que vous ne puissiez pas payer les ouvrages à leurs auteurs (sans lesquels cependant il n'y aurait point de spectacle), comment donc pouvez-vous payer vos acteurs, vos décorateurs, les peintres, musiciens, cordonniers, chandeliers et perruquiers de vos théâtres? car aucun d'eux n'est aussi nécessaire au succès où vous prétendez, que la pièce jouée qui les met tous en œuvre. *Oh mais*, dit-il, *ils nous y forceraient*! Cette réponse si naïve me paraît juger la question. Cinquante auteurs *bien isolés, loin des endroits où on les pille*, n'ont jamais eu, pour obtenir justice, la force ou le crédit qu'ont des milliers de fournisseurs des accessoires de ces spectacles, qui, présents à l'emploi que l'on fait de leurs fournitures, obligent, par leurs cris, la justice à les écouter. »

Il est à remarquer que ces séances du comité d'instruction publique, institué par l'assemblée législative dans sa séance du 14 octobre 1791, avaient lieu presque une année après la loi reconnaissant aux auteurs le droit exclusif de faire représenter leurs œuvres (2) : la loi était des 13-19 janvier, et c'est en décembre que les auteurs faisaient entendre leurs réclamations, se plaignant, malgré la loi, de ne toucher aucune part des bénéfices provenant

(1) Beaumarchais, *Œuvres complètes.*
(2) Lois des 13-19 janvier 1791, Lyon-Caen et Delalain, I, p. 11.

des représentations de leurs œuvres. « Voilà, disait Dalayrac le 26 décembre (1), *Nina* par exemple qui fait grand plaisir en province et qui vient d'avoir trente représentations à mille écus chacune à Bordeaux, ne serait-il pas juste que je fusse pour quelque chose en tout cela ? »

La Société fut fondée, et ne tarda pas à prospérer. Aujourd'hui elle perçoit plus de trois millions par an. « La besogne accomplie (2) est énorme ; les résultats saisissants. Par ses traités avec les directions théâtrales, la Société a élevé dans des proportions inespérées les droits autrefois minimes que payaient les théâtres aux auteurs. Elle a enrichi ses membres, et par des prélèvements minimes sur les droits encaissés, elle s'est enrichie elle-même. Elle a aujourd'hui une fortune et fait des placements de père de famille. Elle distribue des secours, et alloue d'office des pensions à tous ses membres depuis trente ans sociétaires ; sa légitime influence s'accroît d'année en année, et elle protège les intérêts des auteurs étrangers à l'égal des auteurs nationaux. »

*
**

La *Société des auteurs, compositeurs et éditeurs de musique*, appelée couramment « société musicale », par opposition à la « société dramatique » est de date beaucoup plus récente. Alors que la fondation de la société dramatique était le résultat de nombreuses démarches, pétitions,

(1) *Le Ménestrel*, 1885, p. 318.
(2) Rapport sur les moyens d'assurer l'application de la convention de Berne dans les pays adhérents, en ce qui concerne le droit de représentation des œuvres dramatiques. (Rapport de M. Beaume au Congrès de Berne, 1896, p. 8, *Bull. ass.*, 3e série, n° 5, août 1896.)

réclamations des auteurs, il n'en fut pas de même pour la société musicale.

Tout simplement, un auteur de paroles de chansonnettes, E. Bourget, s'étant vu refuser l'entrée gratuite d'un café-concert des Champs-Elysées où l'on chantait une de ses œuvres, obtint du tribunal de commerce de la Seine, le 8 septembre 1847 (1), un jugement « faisant défense à l'entrepreneur, pour l'avenir, de faire chanter dans son établissement les œuvres de Bourget ». Et l'entrepreneur, ayant continué malgré la défense, fut condamné à des dommages-intérêts par un nouveau jugement du 3 août 1848, confirmé Cour de Paris 26 avril 1849 (2).

Quelques auteurs et compositeurs, encouragés, se joignirent à Bourget, choisirent un mandataire chargé de leurs intérêts, et la société fut constituée par acte du 31 janvier 1851.

Son but était de percevoir ce que l'on appelle les « petits droits » (3), c'est-à-dire les tantièmes sur les recettes des concerts et en général des établissements autres que les théâtres.

Aussitôt fondée, la société nouvelle se trouva aux prises avec des difficultés nombreuses, des résistances acharnées — aujourd'hui encore, comme nous le verrons, des pétitions sont continuellement dirigées contre elle.

C'est que sa situation était toute différente de celle de

(1) *Bull. soc. mus.*, n° 1, p. 3.

(2) *Bull. soc. mus.*, n° 1, p. 5.

(3) « Petits droits », en raison de la somme minime perçue par les auteurs à l'occasion de chaque exécution d'une œuvre de concert, chaque programme de concert comprenant un grand nombre d'œuvres d'auteurs différents — tandis que les représentations théâtrales ne comprenant qu'une pièce ou deux, la part de droits des auteurs dramatiques représente une somme plus considérable.

la société dramatique. Alors que celle-ci n'avait à faire respecter les droits de ces membres que vis à-vis d'entrepreneurs professionnels de spectacles payants, et que, le tarif une fois établi, rien n'était plus simple que la perception de tantièmes sur une recette composée uniquement du montant des billets pris à l'entrée et des abonnements — la société musicale s'adressait d'une part, à des sociétés d'amateurs donnant accidentellement des concerts souvent gratuits ou à peu près ; de l'autre, à des directeurs de cafés-concerts, de spectacles forains, de cirques, etc., où la musique n'était souvent que l'accessoire ; les recettes, confondues avec le prix des consommations, ou provenant de quêtes, vestiaire, etc., étaient très difficiles à évaluer, le contrôle en eût-il été possible.

Les causes qui rendirent particulièrement difficiles les débuts de la société, en ce qu'elles donnèrent lieu à de nombreux procès, furent principalement l'interprétation du mot « spectacles » de l'article 428 du Code pénal, et les questions de publicité et de gratuité, dont nous aurons bientôt à parler plus longuement.

Mais les organisateurs ne se découragèrent pas : une lettre du célèbre compositeur Adolphe Adam, datée du 25 juin 1854 (1), en témoigne :

« En ce moment, il s'agit des sociétés philharmoniques. Elles rendent de grands services à l'art, et je suis loin de songer à leur nuire. Mais est-ce leur être hostile que de leur demander une somme de 15 ou 20 francs à partager entre les auteurs dont les œuvres sont exécutées dans un de leurs concerts, lorsque ces mêmes sociétés n'hésitent pas à offrir 500, 1000 et quelquefois 1500 francs à un seul

(1) *Bull. soc. mus.*, n° 4, p. 10.

des exécutants qui doivent y figurer? Si l'on objecte que ces concerts ne se donnent pas à bureaux ouverts et que le premier venu ne peut pas acheter son billet à la porte, il est facile de répondre par leur règlement d'organisation (1): chaque membre, en effet, paie une cotisation annuelle contre laquelle il reçoit un certain nombre de billets dont il dispose pour sa famille ou ses amis. Ils vendent donc leur marchandise, tout aussi bien que le faisait le père de M. Jourdain, lorsqu'ayant choisi de belles étoffes il les cédait pour de l'argent à ses connaissances. Est-il possible que tant de difficultés soient faites pour l'acquittement d'un droit si minime, et dont le principe et la légalité sont incontestables? »

De même; à propos des entreprises où la musique n'est que l'accessoire :

« Si donc ces établissements ont besoin d'accompagner leurs exercices de musique, ils la paieront comme ils paient ceux qui l'exécutent, comme ils paient le luminaire et tout ce qui constitue leur spectacle. »

Malgré toutes les attaques et toutes les difficultés, la société musicale vit ses recettes augmenter d'année en année, de 15.000 francs en 1851 monter aujourd'hui à plus de deux millions. Comme son aînée, elle fonda une caisse de retraites. Elle est en pleine prospérité.

*
* *

Le décret du 6 janvier 1864, relatif à la liberté des théâtres, détermina un conflit entre les deux sociétés. Les cafés-concerts, et tous établissements en général, pou-

---

(1) V. plus loin, 2ᵉ partie, ch. III.

vaient désormais représenter des œuvres dramatiques ; ils représentèrent des opérettes, saynètes, etc. ; en principe, les théâtres relevaient de la société dramatique, les concerts de la société musicale ; et voilà que des pièces *de théâtre* étaient représentées sur des scènes *de concert.*

D'autre part, inversement, des œuvres légères étaient fréquemment exécutées sur les théâtres, au cours des pièces jouées : chansonnettes intercalées dans des drames ou des vaudevilles.

De là, une première convention en 1866 ; à la suite de difficultés d'interprétation et de désaccord, un procès eut lieu, qui se termina par l'élaboration d'une nouvelle convention, du 15 octobre 1898 (1), actuellement en vigueur ; chaque société exerce désormais, l'une le droit de représentation, l'autre le droit d'exécution, quel que soit le lieu où les pièces sont jouées ou les morceaux exécutés ; par dérogation, des pièces de théâtre en un acte et de durée n'excédant pas quarante-cinq minutes, destinées au café-concert (art. 5) peuvent être déclarées à la société musicale, la société dramatique acceptant de percevoir les droits et de les verser aux auteurs au cas où la pièce viendrait par la suite à être jouée sur un théâtre.

Cette convention mit fin au différend : actuellement, le domaine de chaque société est parfaitement délimité.

*
* *

Ces sociétés, en même temps que des unions d'auteurs groupés pour la défense de leurs droits, sont donc des agences de perceptions.

Elles sont dirigées, en tant que sociétés, par un comité

______

(1) *Bull. soc. mus.*, n° 50, p. 24.

de membres élus, qui prend le titre de « commission » à la société dramatique, de « syndicat » à la société musicale; et en tant qu'agences de perception, par un agent général, à la tête d'un nombreux personnel d'agents et d'employés (1). L'agent général est mandataire de tous les membres de la société, traite avec les entrepreneurs de spectacles, de concerts, et dirige les services de perception et de répartition.

En principe, les *droits d'auteur* (c'est le terme couramment employé pour désigner la part prélevée par l'auteur sur les bénéfices réalisés par la représentation ou l'exécution de son œuvre) sont perçus *proportionnellement sur la recette brute* de chaque représentation ou exécution. Le taux est variable : à la société dramatique, de 6 0/0 il monte à 12 et 15 pour certains théâtres de Paris. Celui de la société musicale est en principe de 5 0/0, 6 au plus, descendant à 2 1/2 pour les concerts de peu d'importance.

Mais ce mode de taxation n'est possible que si la perception doit s'exercer sur une recette facile à évaluer : celle dont on obtient le chiffre en additionnant le montant des entrées et celui des abonnements. Or, nous avons vu que, souvent, la recette n'est pas réalisée de cette façon : comment la calculer lorsque le droit d'entrée est confondu dans le prix des consommations, du vestiaire ; au cas de quêtes, etc. ? La taxe proportionnelle est donc remplacée, dans ces conditions, par un *abonnement* par mois ou par an, donnant à l'abonné le droit d'exécuter tout ou partie du répertoire de la société.

____

(1) La société dramatique a deux agents généraux, mais un personnel moindre, le nombre des théâtres étant moins élevé que celui des concerts.

Chaque société possède, dans toute l'étendue du territoire, des agents locaux chargés du contrôle des recettes, et de la *perception*. Ils sont rétribués, soit par une part déterminée, sur les sommes perçues, une commission sur les recettes qu'ils font — soit par les entrées, places de théâtres ou de concerts dues aux auteurs, qui leur sont attribuées par traité.

Les sommes une fois perçues sont *réparties* entre les membres des sociétés.

La société dramatique répartit *par actes* pour chaque représentation, et, en principe et à moins de conventions entre les auteurs, par moitié entre le livret et la musique.

La société musicale répartit *par morceaux* exécutés, puis par tiers entre l'auteur des paroles, le musicien et l'éditeur. La part de l'arrangeur est, comme nous l'avons vu, prise sur celle de l'auteur des paroles, qui partage avec lui (1).

(1) Le mode de répartition de la société musicale est plus compliqué que celui de la société dramatique.

On ne peut en effet trouver, pour les œuvres de concert, une unité analogue à l'*acte* pour les œuvres dramatiques, qui établisse une rémunération équitable, en rapport, ou à peu près, avec la part prise par chacun des auteurs dans le concert.

Le système adopté a pour base *l'importance de l'œuvre*.

Chaque œuvre faisant partie du répertoire de la société musicale est *cotée* : un *coefficient de répartition* indique le nombre de parts afférant à l'œuvre. Ce nombre est, au minimum, de *six*, et, supérieur, ne peut être qu'un multiple de 6 : nous avons vu qu'au cas de l'exécution d'un arrangement, la part, le *tiers* de l'auteur des paroles se divisait en deux : 1/6 à l'auteur, 1/6 à l'arrangeur : c'est en raison de la nécessité de la divisibilité par 6 que le coefficient est toujours un multiple de ce chiffre.

Etant donnée la recette brute d'un concert, une première opération consiste à mettre en regard de chacune des œuvres exécutées que donne le programme, son coefficient de répartition, c'est-à-dire le chiffre qui représente le nombre de parts afférant à cette œuvre ;

* *

Deux sociétés ont été établies sur les mêmes bases que les sociétés françaises ; l'une en Italie, l'autre en Autriche.

La *Società italiana degli autori* a été fondée à Milan au mois d'avril 1882.

Elle fut d'abord une union d'auteurs, sans autre but qu'un but moral de défense de leurs intérêts ; ce n'est qu'en 1888 qu'un premier service de perception fut organisé. A partir du 1er janvier 1888, la Société perçut les *piccolo diritti*, petits droits que perçoit en France la Société des auteurs, compositeurs et éditeurs de musique.

Le 1er août 1888, fut organisé un service de perception des *œuvres dramatiques*, analogue à celui de la Société française des auteurs et compositeurs dramatiques : ce service fonctionna au commencement de l'année 1889.

La société ne se borna pas à la protection des musiciens et des auteurs dramatiques : à partir de 1891 elle perçut les droits pour la reproduction des *œuvres des arts plastiques*, organisant ainsi une protection efficace des droits des peintres, sculpteurs, architectes, etc.

Enfin, elle se compléta, en 1894, d'un service de perception des droits de reproduction des *œuvres littéraires* (*piccolo diritti litterari*), droits que perçoit en France la Société des gens de lettres (1).

ensuite, à faire l'addition.

Une seconde opération est la division du chiffre de la recette par le total de l'addition : on déterminera ainsi la valeur *d'une part*.

Il ne reste qu'à multiplier le chiffre ainsi obtenu par le nombre de parts revenant à chacun des auteurs, compositeurs, éditeurs, et arrangeurs s'il y a lieu, dont les œuvres ont été exécutées.

(1) V. *Droit d'auteur*, 1888, p. 103 ; 1890, p. 9 ; 1892, p. 8 ; 1893, p. 9 ; 1894, p. 42 et 79.

La Société italienne des auteurs, on le voit, a ceci de particulier qu'elle réunit les auteurs de tous les genres : musiciens — auteurs dramatiques — peintres, sculpteurs, architectes, etc., écrivains.

Forte de l'appui du gouvernement italien, qui l'aida à triompher des premières résistances, elle ne fit que progresser, et aujourd'hui, sans avoir encore la situation des sociétés françaises plus anciennes, elle est en pleine voie de prospérité.

En Autriche, la *Gesellschaft der Autoren, Componisten und Musikverleger in Wien* est de date beaucoup plus récente. Elle fut fondée au commencement du mois d'avril 1897, grâce à l'initiative d'un éditeur viennois, M. Weinberger ; le 17 octobre suivant eut lieu l'assemblée générale constitutive.

D'après le compte rendu de cette assemblée (1), le rapporteur, M. Weinberger, dit « entre autres choses, que la nouvelle société constituerait dans l'avenir une corporation puissante, que sa création est un gros événement pour l'histoire musicale, que cet événement transformera toute notre vie artistique, que l'édition sera plus facile à Vienne qui deviendra un grand centre de publication ; qu'une nouvelle ère s'ouvre pour les auteurs, qui toucheront les revenus de leurs œuvres ».

Cette société a été constituée sur le modèle de la Société française des auteurs, compositeurs et éditeurs de musique ; son but est le même.

Malheureusement, l'obligation de la *mention de réser-*

(1) Publié par la *Neue Freie Presse* du 18 octobre 1897.

ve (1), imposée par la loi autrichienne du 26 décembre 1895, article 34 (2), crée à la Société autrichienne des difficultés qu'elle ne peut guère surmonter : les œuvres d'exécution libre, bien que du domaine privé, constituent dans ce pays tout un répertoire moderne indépendant non soumis aux droits d'auteurs. Dans une situation pareille, devant une telle concurrence, il est impossible à la société d'imposer ses conditions.

Il est à espérer qu'une modification de la législation sur ce point permettra aux compositeurs autrichiens — ils sont nombreux, et plusieurs sont célèbres dans le monde entier — de percevoir enfin dans leur pays la rémunération à laquelle ils ont droit.

(1) V. plus loin, 3ᵉ partie, ch. II.
(2) Lyon-Caen et Delalain, *Suppl.*, p. 24.

V

Du monopole de fait exercé par les sociétés d'auteurs.
Situation vis-à-vis des sociétés :
1º Des auteurs : aliénation complète et définitive de leur droit individuel d'autoriser ou d'interdire ;
2º Des entrepreneurs de spectacles et concerts : obligation de subir les conditions imposées par les sociétés ;
Tarification légale, intervention des tribunaux ; demandes de communication du répertoire ; obligation de paiement étendue aux œuvres du domaine public.

Le principe d'après lequel sont établies les sociétés est celui-ci :

Aucune représentation ou exécution ne peut avoir lieu que du consentement de l'auteur ;

Les auteurs mettent comme condition à leur consentement l'attribution d'une part dans les bénéfices réalisés par la représentation ou l'exécution ;

Afin de forcer tous les entrepreneurs de spectacles ou concerts à traiter avec la société, les auteurs, en adhérant aux statuts, s'interdisent d'autoriser ou d'interdire autrement que par l'intermédiaire de la société ;

La société, disposant de tous les consentements de tous ses membres, donne ou refuse à son gré aux entrepreneurs l'autorisation de représenter ou d'exécuter toutes les œuvres qui constituent son répertoire.

La constitution d'un véritable monopole, nécessaire pour arriver à la perception de la part de bénéfices due aux auteurs, devait être, forcément, préjudiciable aux auteurs eux-mêmes :

« Il est interdit à tous les membres de la société, stipule l'article 19 des statuts de la Société musicale, de céder le droit *qu'ils ont déjà aliéné ici*, à savoir celui de permettre ou de défendre l'exécution publique de leurs œuvres.... »

Les sociétaires s'interdisent complètement l'exercice isolé de leur droit (1). Tout au plus, cette interdiction exceptionnelle ne pourrait-elle être faite que par l'intermédiaire de l'agent général. Et cette difficulté ne se soulève pas, en fait. Pourquoi ? Il ne manque pas, cependant, d'exécutions mauvaises et de nature à donner une idée défavorable du morceau interprété. Les auteurs laissent faire. Que devient alors le respect de la personnalité, que les auteurs eux-mêmes n'exigent plus ?

Il ne faut pas s'exagérer l'importance du *droit moral*, ni de la responsabilité de la signature. Evidemment, en fait, le tort causé aux auteurs n'est pas si grand qu'il le paraît d'abord. Soulever des difficultés à propos de chaque exécution mauvaise ou qui court risque de l'être, serait entraver singulièrement l'exercice du droit, conséquemment la perception de bénéfices. L'œuvre d'art devient, un peu, objet de commerce ; et l'auteur producteur

---

(1) Il n'en est pas absolument de même à la Société dramatique : l'auteur garde en principe le droit d'autoriser ou d'interdire. Mais, aux termes de l'art. 18 des statuts,*il est interdit aux sociétaires de faire représenter aucun ouvrage sur un théâtre qui n'aurait pas de traité général avec la société* (Trib. de la Seine, 1ᵉʳ mai 1861,Pataille, 1861, p. 284) ; ces traités ne peuvent être passés que par la commission (C. de Paris, 17 novembre 1860, Pataille, 1861, p. 20).

est porté à penser qu'il est de son intérêt de ne pas fati-
guer de ses exigences le public consommateur.

*
* *

Ce qui est plus grave, c'est que cette aliénation complète
est définitive. L'auteur est lié par les engagements qu'il a
pris en signant les statuts ; et, voulût-il se retirer de la
société, qu'il ne le pourrait pas. Plusieurs l'ont tenté qui
n'ont pu rompre leur engagement (1).

En adhérant à la société, il y adhère à vie ; et c'est la
conséquence du monopole que, pour imposer des conditions
à tous, il faut une union absolument étroite par des engagements qui, prévoyant et supprimant les dissensions
possibles, obligent les monopoleurs eux-mêmes.

Enfin, les auteurs qui veulent jouir de leur droit d'exécution sont en fait obligés de s'affilier aux sociétés. Elles
sont des agences de perception, et ce sont les seules. Disposant d'un personnel qui permet une surveillance inces-
sante — de ressources considérables — et d'une grande
force morale que lui donne cette union de tous les artistes
dans chacune des revendications particulières, seule la
société d'auteurs peut contrôler les représentations et
exécutions, et amener les entrepreneurs réfractaires à des
transactions, ou leur intenter des procès qui peuvent être
longs et coûteux.

Dès qu'ils remplissent les conditions requises, tous les
artistes sollicitent leur admission ; si bien qu'en fait,
non seulement ceux qui font leur carrière du théâtre ou
de la musique, mais encore ceux qui, accidentellement,

____

(1) V. *Bull. soc. mus.*, n° 7, p. 13.

écrivent une pièce ou quelques morceaux, s'empressent d'adhérer aux sociétés (1), désireux de profiter de leur droit de représentation ou d'exécution sur ces œuvres.

* *

Les sociétés d'auteurs détiennent tout le répertoire moderne. Il est donc matériellement impossible à celui qui dirige une entreprise de spectacles ou de concerts, de ne pas traiter avec elles : évidemment. les œuvres du domaine public peuvent être librement représentées ou exécutées, mais à part des cas bien exceptionnels d'audition de musique ancienne s'adressant à un public spécial de dilettantes, une entreprise ne saurait avoir ainsi aucune chance de durée ni de succès. Les goûts du public suivent les fluctuations de la mode ; et les progrès réalisés par la musique durant ce siècle ont été tels, que l'audition d'œuvres ne datant que du début du siècle — à part les œuvres classiques, bien entendu — ne saurait présenter qu'un intérêt passager de curiosité, celui qui s'attache à des choses anciennes, vieillies et démodées.

Les entrepreneurs sont donc dans la nécessité de s'adresser aux sociétés d'auteurs. Comme il n'existe pas de sociétés rivales et concurrentes (les attributions des deux sociétés françaises étant nettement délimitées), l'entrepreneur de spectacles se trouve obligé de subir les conditions de la Société dramatique, l'entrepreneur de concerts celles de la Société musicale.

En ce qui concerne les entrepreneurs de spectacles proprement dits, les directeurs de théâtres, il ne s'élève

1) Les sociétés admettent des membres *stagiaires* qui ne peuvent prendre part à l'administration de la société, mais sont admis comme les membres titulaires au bénéfice de la répartition.

aucune difficulté. C'est qu'il est facile d'établir à chaque représentation, sur une recette obtenue en additionnant le montant des abonnements et celui des billets vendus à l'entrée, un droit proportionnel. Il n'y a guère de contestation possible — si ce n'est celle de la « cassette », recette faite au contrôle après les bureaux fermés, prix des billets de spectateurs retardataires, qui peut être soustrait au contrôle de la société. D'autre part, une vérification de la recette journalière est faite par l'Assistance publique pour la perception du droit des pauvres, qui grève chaque recette en même temps que le droit des auteurs. C'est grâce à cette facilité d'évaluation qu'un tarif précis a pu être établi par la Société dramatique.

D'autre part, comme il s'agit d'entreprises de spectacles payants fonctionnant de façon régulière, il y a une incidence, une répercussion de la taxe, qui frappe effectivement le spectateur, le prix du billet étant majoré d'autant.

Il n'en est pas de même en ce qui concerne les exécutions soumises au contrôle de la Société musicale. Ici, la plupart du temps plus d'entrepreneurs professionnels ni de recettes faciles à évaluer ou à prévoir.

Il se peut agir, parfois, de concerts donnés dans les mêmes conditions que les spectacles des théâtres : la Société ayant établi en principe un droit proportionnel de 5 0/0, la taxation sera aussi facile. Mais comment évaluer les recettes provenant de sources multiples des sociétés d'amateurs — celles des cirques, manèges etc. où la part de la musique n'est que l'accessoire — celles des cafés, confondues avec le prix des consommations ?

De là, une *taxation arbitraire* faite par l'agent de la société ; et l'entrepreneur se trouve obligé, sous peine de ne plus pouvoir jouer aucune œuvre musicale — au moins du répertoire moderne — de subir les conditions qui lui sont imposées.

De nombreuses plaintes furent adressées aux pouvoirs publics, émanant, la plupart, de sociétés d'amateurs.

Le législateur pouvait-il légitimement intervenir ?

Une seule loi fixe la rétribution due aux auteurs : c'est la loi suisse.

« Dans la rigueur des principes, dit M. Lyon-Caen (1), les auteurs de ces œuvres, qu'elles aient été ou non déjà publiées, devraient avoir le droit de s'opposer à la représentation ou à l'exécution, et de fixer les rémunérations qui leur sont dues par ceux qui les représentent ou les exécutent.

La loi suisse a été sur ce point très loin dans la voie res-trictive. »

Elle a institué un système de *domaine public payant* : d'après l'article 7 (2) :

« Le tantième ne doit pas excéder 2 0/0 du produit brut de la représentation ou exécution.

Lorsque le paiement du tantième est assuré, la représentation ou exécution d'une œuvre déjà publiée ne peut être refusée. »

« Cette disposition, dit M. Reichel (3) a été introduite dans la loi, en suite de la requête présentée le 28 octobre

____

(1) *Lois françaises et étrangères sur la propriété littéraire et artistique.* Introduction, p. XLV.

(2) Loi du 23 avril 1883, art. 7, Lyon-Caen et Delalain, I, p. 540.

(3) Consultation relative au droit d'auteur sur les œuvres musicales en Suisse (*Droit d'auteur*, 1893, p. 22).

1881, par la commission du théâtre de la ville de Bâle et appuyée par les signatures de la Société de musique et de la Société chorale de la même ville, par la commission du théâtre municipal, la Société de la *Tonhalle* et le chœur mixte de Zurich et par la commission des théâtres de la ville de Berne. » Le Conseil fédéral a inséré presque textuellement dans son projet (art. 6) les propositions des pétitionnaires, qui faisaient valoir les arguments suivants :

« Les théâtres et établissements de concerts suisses sont obligés de jouer en majeure partie des œuvres d'auteurs étrangers : or, la protection illimitée des droits des auteurs pèserait si lourdement sur les représentations ou exécutions, que l'existence même des institutions précitées pourrait être mise en péril. Le tantième perçu en Allemagne et en France varie entre 3 et 10 0/0 du produit brut. En appliquant cette même échelle aux établissements suisses, les théâtres de quelque importance auraient à payer des sommes de 3.000 à 6.000 francs par saison. La Suisse ne jouirait guère de réciprocité, puisque les œuvres suisses ne sont exécutées que fort rarement à l'étranger.»

Cette dernière considération était évidemment la principale : et si nous ajoutons que, faute d'une école musicale nationale, au moment de l'élaboration de la loi, les théâtres et concerts suisses ne jouaient ni n'exécutaient d'œuvres d'auteurs suisses, on comprend comment le législateur a pu établir une tarification légale qui n'existe nulle part ailleurs, puisque dans l'application elle ne pouvait guère atteindre que des étrangers, fort rarement les nationaux.

Aussitôt qu'il s'agit de l'application, les commentateurs sont divisés : au sujet de la perception et de la répartition, alors que M. Reichel (1) estime que dans un concert où sont jouées des œuvres diverses d'auteurs différents. le 2 0/0 pourra être exigé *pour chaque morceau de chacun des auteurs*, M. Dunant est d'avis (2), avec d'Orelli et Rüfenacht, *qu'un seul droit de 2 0/0 devra être prélevé sur la recette brute*, pour être partagé entre les auteurs joués ; ce qui est la seule solution possible, car en percevant le 2 0/0 sur chaque œuvre on aboutirait à des perceptions de 20 et 30 0/0 : il est évident que l'esprit restrictif dans lequel a été conçue cette disposition ne saurait autoriser un semblable résultat.

Voici une critique de cette disposition donnée par M. Dunant, auteur suisse (3) : « Remarquez qu'on met ainsi toute une classe de citoyens hors du droit commun et qu'on leur impose une loi d'exception, car c'en est une : il n'existe, à notre connaissance, dans tout notre arsenal législatif, aucune loi qui fixe officiellement le prix d'une marchandise ou la rémunération d'un salaire. Pourquoi prive-t-on une catégorie de travailleurs de droits que l'on n'a jamais songé à discuter aux autres, et cela précisément à une époque où la légitime rémunération du travail est plus impérieusement demandée qu'elle ne l'a jamais été ? Ne voit-on pas qu'il y a là pour le compositeur la source d'un *droit* et qu'en face de lui le public n'oppose que ses *intérêts*, ou même sa fantaisie ou son amusement. »

Car, évidemment, la musique n'est pas tellement nécessaire que la crainte d'en être privé légitime cette expropriation à prix arbitrairement fixé ; il ne s'agit que d'un agrément, et la tarification des auditions musicales

(1) *Droit d'auteur*, 1893, p. 22.
(2) Dunant, p. 94.
(3) *Rapport à la Société suisse des juristes*, p. 162.

ne devrait venir, au moins, qu'après celle des aliments indispensables à la vie.

D'autre part, ce système méconnaît complètement le droit moral, en ce sens que le musicien ne saurait empêcher une exécution mauvaise de son œuvre (1). C'est méconnaître complètement la propriété intellectuelle dans ce qu'elle a de plus respectable, que de priver l'auteur, surtout contre le paiement d'une somme à ce point minime — du droit d'interdire une exécution qui peut être de nature à lui exercer un préjudice moral — et même pécuniaire, la mauvaise impression laissée aux auditeurs se traduisant par une diminution d'achat de musique, et par suite, d'exécutions suivantes.

En France, la tarification légale a été demandée, sous le second Empire, par une pétition des directeurs de théâtres de province, attribuant la situation pénible où ils se trouvaient aux traités que leur imposaient les deux Sociétés.

M. Chaix d'Est-Ange y répondait ainsi, au Corps législatif, le 30 juin 1865 (2) :

« Il est évident que le gouvernement ne peut pas intervenir dans les transactions qui se passent entre les auteurs d'une part et les entrepreneurs d'autre part ; il est impossible, au milieu de cette liberté des transactions industrielles, que le gouvernement intervienne, en posant un maximum et en disant à l'auteur : Vous ne demanderez

(1) Nous verrons plus loin ce qu'il faut entendre par les « conditions » auxquelles, d'après la loi suisse, l'auteur peut subordonner l'exécution de son œuvre (3ᵉ partie, ch. II).

(2) *Bull. soc. mus.*, 1881, bulletin spécial, nᵒ 1, p. 34.

plus que tel prix ; car, autrement, vous feriez des conditions trop dures à l'entreprise industrielle, et vous la met-
triez dans l'impossibilité de vivre... »

Le 25 juin, M. Sainte-Beuve, rapporteur de la commission, avait dit au Sénat (1) :

« Si l'on ne peut jouer sans le consentement de l'auteur, il faut payer ce consentement le prix que l'auteur
exige.

Il y a là convention individuelle et libre (2).

C'est le droit de l'auteur de ne pas permettre de jouer la
pièce ou de ne le permettre qu'aux conditions qu'il agréc,
après avoir négocié avec l'entrepreneur (3)... »

Il s'agit en effet d'une convention libre.

Aussi les tribunaux n'ont-ils pas, non plus, à intervenir. Il est intéressant, à ce point de vue de signaler un
jugement du tribunal mixte d'Alexandrie, du 30 janvier
1897 (4)). En Egypte où n'existe aucune loi sur la propriété artistique, les décisions des juges sont toujours ins-
pirées par un remarquable esprit d'équité.

Des directeurs de cafés-concerts poursuivis par la Société musicale alléguaient « qu'un véritable monopole
avait été créé, que sans la permission de la Société il était
presque impossible de donner des concerts », et con-

(1) *Bull. soc. mus.*, 1881, bulletin spécial, n° 1, p. 34.
(2) V. loi des 19 juillet-6 août 1791, article 2 : Lyon-Caen et Delalain, I, p. 12.
(3) Nous verrons plus loin, 2e partie, ch. IV, à propos des représentations gratuites des sociétés musicales, comment dans un cas
particulier un tarif a été fixé.
(4) *Bull. soc. mus.*, n° 49, p. 90.

cluaient « à ce que le tribunal fixât une somme raisonnable, moyennant quoi ils auraient le droit de se servir
du répertoire de la Société ».

« Attendu, décida le jugement, qu'il ne peut être mis
en doute qu'un auteur soit libre de fixer lui-même la rémunération à laquelle il voudrait subordonner l'exécution
de son œuvre, et que c'est pour lui, ou pour celui qui le
représente, un droit absolu de décider le montant qui doit
être payé ;

Que le tribunal ne peut donc pas accueillir les conclu-
sions des défendeurs à cet égard et fixer un tarif pour les
pièces musicales qui sont la propriété des membres de la
Société. »

Les législations de tous les pays, à part la Suisse, imposant comme condition à l'exécution le consentement
préalable de l'auteur, aucun doute ne peut surgir : les
entrepreneurs ne peuvent contraindre l'auteur à leur donner le consentement indispensable.

Tout autre est la question d'un tarif établi, par la Société
elle-même, sur une base déterminée et invariable. Continuellement, les établissements divers, et surtout les sociétés d'amateurs, se plaignent de l'arbitraire des taxations.

Cette question fut discutée en 1899, à Paris, au Congrès
des sociétés musicales (1), à propos de ces sociétés d'amateurs.

Nous avons vu qu'en raison des nombreux et divers
éléments dont se compose la recette *indirecte*. devant

(1) *Le Progrès artistique,* 13 juillet, 10 et 24 août, 7 et 21 septembre 1899.

l'impossibilité du prélèvement de tantièmes, un autre
mode de taxation, l'*abonnnement*, était adopté d'un commun accord. Mais comment en fixer le montant ?

Seul, l'agent local, habitant la localité et s'y occupant
de la vie musicale, était à même d'évaluer en connaissance
de cause les recettes approximatives : le montant de
l'abonnement était donc fixé par lui, approximativement,
et c'est ce dont se plaiguaient les sociétés.

Un système fut proposé en 1899 au Congrès de Paris.
Il consistait à établir des tarifs fixes, par catégories déterminées suivant l'importance de la population des localités;
l'abonnement tablant sur quatre concerts par an — ce qui
est le chiffre ordinaire — avec paiement d'un quart en
plus pour chaque concert supplémentaire (1).

Cela revient à établir la présomption de sociétés prospères dans les grandes villes, végétant dans les petites et
dans les villages. Évidemment, cela risque d'être contraire à la réalité. S'il y a une amélioration à faire, ce
n'est guère de ce côté qu'il faut la chercher : on y risquerait même des abus plus fréquents et plus nombreux.

Et d'ailleurs, si une amélioration est possible, il est
probable qu'elle sera réalisée (2), dans l'intérêt même de

(1) C'est la base qui fut adoptée par la Société allemande, dont
nous parlerons plus loin (V. 3ᵉ partie, ch. III et IV) ; l'abonnement
annuel fixé à 5 marks par ville, 3 marks par bourgs et villages
(Instructions aux agents de la Société, Leipzig, octobre 1898, § 5,
al. 9).

(2) Extrait du rapport du secrétaire général du syndicat, publié
dans le dernier *Bulletin de la société* (1899-1900, nᵒ 51, p. 35) :

« La *Fédération des sociétés musicales* a délégué deux membres de
son Comité directeur avec mandat spécial de suivre avec notre syndicat la réalisation de l'entente ébauchée.

C'est là matière délicate et qui demande à être traitée avec cirla société d'auteurs, comme amenant une notable simplification dans son fonctionnement.

*
* *

En outre, les sociétés d'amateurs ont voulu connaître les noms des auteurs faisant partie de la société, et les titres de leurs œuvres, afin de pouvoir, quand il leur plairait, se soustraire à l'obligation de traiter avec la société, en exécutant uniquement des œuvres du domaine public ou du domaine privé mais d'exécution libre (1).

En 1891, les *sociétés belges* projetaient un congrès (2) pour examiner la possibilité d'une réglementation moyennant entente avec les auteurs *directement* ou avec leurs éditeurs, afin de n'être plus soumis à l'arbitraire et aux exigences des représentants de leur société, et, subsidiai-

conspection. Nous consentons très volontiers à examiner la possibilité d'appliquer un tarif à base uniforme aux sociétés musicales, et à ne pas augmenter leurs charges de ce fait, mais nous demandons, en échange, que la Fédération nous apporte l'adhésion à ce nouveau mode de toutes les sociétés sans exception. Nous demandons en outre la reconnaissance formelle du principe de notre droit, sans être mis en discussion ou traité de ci de là comme s'il s'agissait plutôt du droit des sociétés musicales que du droit de l'auteur, à telle enseigne qu'un président de groupe ne craignît pas d'inscrire dans le programme de ses revendications la limitation de notre tarif, sérieusement diminué, non seulement pour les sociétés musicales, mais encore pour les cafés-concerts et tous autres établissements publics...

Nous devons reconnaître que la Fédération des sociétés musicales s'est prêtée de bonne grâce à l'examen d'un *modus vivendi* acceptable de part et d'autre et que ses délégués ont fait preuve de véritables sentiments de conciliation et d'esprit pratique. Nous avons confiance dans l'issue des négociations entamées... »

(1) V. plus loin, 3ᵉ partie, ch. II.
(2) *Droit d'auteur*, 1891, p. 126.

rement, *la formation d'une bibliothèque, ou, tout au moins d'un répertoire d'œuvres non soumises à la perception des droits d'auteur.*

« Ce serait, disait M. Wauwermans (1), exposer nos oreilles à une rude épreuve. »

Le congrès échoua (2) ; l'Orphéon belge, une des sociétés importantes de la Belgique, ayant demandé à M. Gevaërt, directeur du Conservatoire de Bruxelles, d'écrire le chœur imposé, destiné à être chanté en division d'honneur, M. Gevaërt qui avait d'abord accepté, refusa ensuite quand il eut appris la part prise par cette société dans « la ligue des anti-propriétaires ». Cette attitude énergique donna à réfléchir aux organisateurs, et le congrès fut ajourné.

Mais, en 1898, à la suite de nouvelles réclamations, la Chambre des députés de Belgique fut saisie de cette question (3). Le 4 février, la commission des pétitions déposa sur le bureau de la Chambre un rapport favorable, proposant le renvoi au département des Beaux-Arts ; en mars, la section centrale présenta son rapport d'ensemble, et le rapporteur émit l'idée d'une formalité d'enregistrement obligatoire, condition de l'exercice du droit d'exécution :

« Le *Moniteur*, dirait-on, ne suffirait pas à une nomenclature complète. Rien n'exige que les bureaux du journal servent à l'enregistrement, et que le journal soit le recueil. Une publication spéciale devrait être créée et un fonctionnaire chargé de la tenir au courant, d'enregistrer les actes de cession, de renseigner les tiers.

Ainsi, les droits consacrés par la loi de 1886 seraient

(1) *Droit d'auteur*, 1891, p. 126.
(2) *Ibid.*, 1892, p. 78.
(3) *Ibid.*, 1898, p. 62.

respectés. Mais les agents ne pourraient plus *ni tromper le public, ni profiter d'une ignorance facile à éviter.* »

On voit par le ton de ce discours quel pouvait être l'état d'esprit des sociétés populaires.

Le gouvernement belge, devant ces réclamations, finit par céder : désormais, le public serait renseigné et aurait le moyen de savoir si telle œuvre est d'exécution payante ou d'exécution libre.

Cette communication est organisée par une publication au *Moniteur belge* de tous les noms des auteurs faisant partie de la société : on publie au fur et à mesure les modifications de la liste, qui varie continuellement (2).

Remarquons que le gouvernement belge, désireux de donner satisfaction aux sociétés musicales, n'a pas cru pouvoir faire supporter des frais de ce genre à la Société des auteurs.

Car, en droit, la Société n'est pas obligée de faire connaître la liste de ses membres par une communication aux sociétés d'amateurs. Un jugement du tribunal de Rennes, du 12 novembre 1867 (1), le faisait remarquer ainsi : Il n'existe entre les sociétés d'amateurs et les auteurs « aucun lien de droit qui puisse les autoriser à réclamer la production de documents exclusivement personnels à ces derniers ; notamment, ils (les membres des sociétés d'amateurs) n'ont ni droit ni qualité pour se faire remettre la liste des membres de la Société des auteurs de musique, puisque le droit de ceux-ci est indépendant de leur participation à la dite société ».

D'autre part, la publication d'une liste semblable de huit

(1) V. annexe au *Moniteur belge* du 8 février 1900, n° 39.
(2) *Bull. soc. mus.*, bulletin spécial, n° 3, p. 18.

mille noms d'auteurs (auxquels il faudrait ajouter les titres des œuvres) avec des variantes continuelles, de chaque jour, entraînerait des frais considérables. Qui les supporterait ? La Société des auteurs ? Elle n'y est pas obligée. Les sociétés musicales ? La somme payée par elles de ce chef serait bien plus élevée que ce qu'elles pourraient éviter, par ce moyen, de payer sous forme de droits d'auteur.

Au reste, la Société a des avocats dans tous les pays, chez lesquels on peut consulter cette liste.

En fait, d'ailleurs, il est difficile de voir quels avantages les sociétés d'amateurs pourraient tirer d'une semblable communication. En principe, évidemment, si l'on fait parmi les œuvres musicales une distinction entre celles dont l'exécution est libre et celles dont l'exécution est payante, on conçoit un intérêt à connaître les unes et les autres, pour pouvoir si l'on veut se libérer du paiement. Mais dans la pratique les concerts ne peuvent pas plus vivre sans le répertoire actuel, que les théâtres. Le public, surtout le public populaire, réclame les œuvres en vogue ; d'autre part, les sociétés ne sont pas maîtresses des programmes de leurs concerts, aussitôt qu'elles font appel au concours d'artistes étrangers. Et le régime actuel d'un abonnement annuel d'un prix modique et variant suivant l'importance des sociétés d'amateurs, donnant à celles-ci le droit d'exécuter tout ce qui leur plaît, est le plus favorable.

*
* *

D'autres réclamations viennent de ce que les sociétés d'auteurs, en passant les traités, ne font aucune distinction entre les œuvres du domaine privé et les œuvres du domaine public, et perçoivent pour celles-ci aussi bien que pour celles-là.

La question a été soulevée devant le tribunal de commerce de la Seine, le 14 juillet 1865 (1) : « Attendu qu'en présence de ces conventions, qui constituent un traité à forfait, B... est mal fondé dans sa prétention de distinguer entre les œuvres diverses exécutées dans ces concerts, et de considérer comme étant exonérées du droit proportionnel celles qui sont tombées dans le domaine public (2)...» Comme il s'agissait d'un traité, stipulant nettement un tantième à percevoir sur chaque recette, chaque soir, cette question ne pouvait faire aucun doute. Il existe un contrat, que le directeur est libre de signer ou de ne pas signer ; signé, le contrat doit avoir son plein effet.

Mais le directeur, libre en théorie, l'est-il en fait ?

La Société, qui profite de sa situation de monopoleur, n'en abuse-t-elle pas ?

Evidemment, la Société qui impose le paiement pour la représentation d'œuvres du domaine public, affectant ces revenus à ses frais, ou à sa caisse des retraites, va jusqu'au bout de ses droits. Il semble même qu'elle les outrepasse.

Il s'agit de distinguer.

Si sur une recette provenant d'une représentation d'œuvres toutes du domaine public, le même tantième est perçu qui serait perçu sur les œuvres du domaine privé, cela peut paraître injuste ; mais si de l'abonnement, dont le prix a été fixé à forfait, les droits sur les œuvres du do-

_____

(1) *Bull. soc. mus.*, bulletin spécial, n° 5, p. 26.

(2) V. en ce qui concerne la Société dramatique, Trib. civ. de la Seine, 4 février 1859 (Pataille, 1859, p. 147).

maine public ne sont pas déduits, la situation n'est pas la
même. Dans ce cas en effet — et c'est celui des traités passés avec les sociétés d'amateurs,dont les réclamations sont
le plus fréquentes — les sociétés achètent, par l'abonnement, le droit de se servir de tout le répertoire de la Société des auteurs. Elles sont libres d'en user ou de n'en
pas user à leur gré ; et comment déduire (1)?

Quant aux traités passés avec les entrepreneurs de spectacles ou concerts périodiques, cette perception, contraire
à leur droit d'user librement des œuvres du domaine public, constitue une charge assez lourde,à la différence des
sociétés musicales qui paient l'abonnement d'une année à
des prix très peu élevés; mais la véritable raison qui pousse
les sociétés d'auteurs à agir ainsi, est la crainte d'une concurrence qui leur serait ainsi faite ; c'est la même raison
— et ici elle n'a que de très heureux résultats — qui a
poussé les sociétés à admettre les auteurs étrangers au
bénéfice de leur organisation.

Il y a là, simplement, une situation économique qui est
loin d'être spéciale aux rapports entre musiciens et exécutants.

La situation créée aux exécutants pourrait être utilement
comparée à celle de tout consommateur dans l'état de monopole.

Les auteurs, eux aussi, sont dans une situation sembla-

(1) La Société allemande (V. plus loin 3e partie, ch. III et IV) ne
percevant aucun droit sur les œuvres du domaine public, en est
arrivée à donner à ces œuvres un coefficient de répartition, comme
à celles du domaine privé, ce qui crée dans le service de la répartition, déjà compliqué comme nous l'avons vu, des difficultés inex-
tricables (V. *Instructions aux agents de la Société*, Leipzig, octobre
1898, § 5, al. 7).

ble vis-à-vis des éditeurs. Il n'y a, en réalité, à Paris et pour toute la France, que trois ou quatre éditeurs qui éditent les œuvres dramatico-musicales : comment le musicien a ses débuts, et même, souvent, celui qui est connu, pourra-t-il imposer ses conditions ? La concurrence n'existe pas, ou presque pas. Un éditeur concurrent n'a pas les mêmes moyens de « lancer » une œuvre qu'ont les grandes maisons d'édition : forcément, l'auteur est obligé de subir les conditions qui lui sont imposées.

L'auteur est obligé de se défendre. Aujourd'hui qu'il est arrivé, par l'association, à imposer à son tour les conditions qu'il met à son consentement à l'exécution, abuse-t-il de sa situation privilégiée ?

Les plaintes n'émanent guère des entrepreneurs professionnels de spectacles payants, dont les recettes sont grevées d'ailleurs par le droit des pauvres, perçu par l'Assistance publique — bien plus que par les droits d'auteurs. Elles viennent des sociétés d'amateurs, qui, elles aussi, cherchent dans l'association le moyen de défendre leurs intérêts — nous avons vu, et nous verrons encore bientôt comment elles aussi sont arrivées à imposer leurs conditions. Or, le mode de perception qu'est l'abonnement donnant droit à l'usage de tout un répertoire (1), présente pour elles une grande commodité, un grand avantage : celui de n'avoir pas à demander de tous côtés des autorisations, qui ne leur seraient d'ailleurs accordées qu'à des prix autrement élevés ; d'autre part elles ont, une fois en règle avec la Société, l'avantage d'être tranquilles, sûres de n'être aucunement inquiétées ; enfin, les traités ne stipulent comme prix d'abonnement d'un an que des som-

(1) En fait, de la presque totalité des morceaux du domaine privé d'exécution payante.

mes d'une modicité extrême, variant, en général, entre 10
et 25 francs.

« C'est, disait M. Souchon, agent général de la Société
des auteurs, compositeurs et éditeurs de musique, avec la
plus grande modération que nous nous appliquons à exercer
notre droit sur les exécutions musicales publiques et gratuites, notamment celles émanant des sociétés musicales
à l'égard desquelles nous ne cessons de recommander à
nos agents d'user de la plus grande bienveillance, indépendamment des nombreuses exonérations dont nous les
favorisons dès qu'elles nous en sollicitent. C'est le devoir
de nos agents d'apaiser au lieu d'irriter, d'instruire et de
convaincre au lieu de menacer, et de n'arriver aux moyens
judiciaires que contraints et forcés, c'est-à-dire après avoir
épuisé tous les moyens de conciliation (1). »

(1) *Droit d'auteur*, 1892, p. 6.

DEUXIÈME PARTIE

LES AUTEURS ET LE PUBLIC EXÉCUTANT.

*(A. Entrepreneurs professionnels de spectacles
publics et payants.)*

I

Entreprises où l'audition de musique se présente comme la partie
principale.
Œuvres dramatico-musicales.
Œuvres purement musicales.
Œuvres chorégraphiques.

Constatons tout d'abord que rien n'autorise une différence entre l'entrepreneur professionnel de *spectacles périodiques*, et l'organisateur d'un *spectacle accidentel*.

D'après M. Gastambide (1), une réunion d'amateurs qui
« donnerait par hasard une représentation publique et
payante, ne serait pas assujettie à l'autorisation des auteurs : en effet, on ne saurait voir là une entreprise, ni
une association d'artistes. Si ces représentations se renou-
velaient, il en serait autrement ».

Comme le fait remarquer M. Pouillet (2), « il importe

(1) Gastambide, p. 246.
(2) Pouillet, n° 807.

peu que la représentation soit un fait isolé, puisque chaque représentation constitue un délit distinct. Autrement, à quel nombre de représentations faudrait-il attacher le caractère du délit » ?

Il n'y a aucune raison de faire une distinction. Un usage est fait d'une œuvre : que cet usage soit isolé, ou se renouvelle périodiquement, les droits de l'auteur existent aussi bien dans un cas que dans l'autre.

*
* *

En ce qui concerne les directeurs de théâtres représentant les œuvres dramatico-musicales, nous avons vu que la Société des auteurs et compositeurs dramatiques, s'appuyant sur la loi de 1791, vint à bout de leurs résistances. Actuellement, toutes les législations protègent expressément la représentation des œuvres dramatico-musicales, réserve faite, comme nous le verrons dans ce même chapitre, en ce qui concerne les œuvres chorégraphiques ; et si dans certains pays des difficultés peuvent être soulevées, cela résulte, non du manque de protection légale, mais du défaut d'entente entre les auteurs, et de l'ignorance où ils sont de leurs intérêts et de leurs droits.

*
* *

Il n'en est pas de même partout en ce qui concerne les entrepreneurs de *concerts*, plus généralement au point de vue de la protection des œuvres *purement musicales*, non dramatiques.

En France, une rédaction trop peu explicite des textes (1), ne semblant prévoir que les spectacles proprement

(1) Lois des 13-19 janvier et 19 juillet-6 août 1791 (Lyon-Caen et Delalain, I, p. 11 et 12) et art. 428, C. pénal.

dits, a permis aux entrepreneurs de concerts d'invoquer l'absence de dispositions concernant l'exécution des œuvres purement musicales.

La véritable pensée du législateur fut expliquée, au cours d'un procès (1), par l'avocat général Plongoulm, qui se servit, pour justifier l'interprétation large qui devait être faite du mot « spectacles », de l'article 1er du décret du 13 août 1811, assujettissant à une redevance à payer à l'Opéra « tous les théâtres de second ordre, les petits théâtres, tous les cabinets de curiosités, machines, figures, animaux et *en général tous les spectacles, de quelque genre qu'ils fussent* ». L'arrêt de la Cour de cassation admit cette théorie, et depuis, une jurisprudence constante (2) assimila au point de vue des droits des auteurs, l'audition d'œuvres musicales à la représentation d'œuvres dramatico-musicales.

La Société des auteurs, compositeurs et éditeurs de musique, à ses débuts, vit dès l'abord invoquer contre elle cet argument d'une législation protectrice des seules œuvres *dramatiques*, à l'exclusion des œuvres *musicales* ; aujourd'hui cette question, en France, ne fait plus l'objet d'aucun doute.

Il n'en a pas été de même *en Belgique*, tant que la ma-

(1) Cass., 24 juin 1852, *Bull. soc. mus.*, n° 1, p. 11.

(2) C. de Toulouse, 4 juin, 1869 : « Une jurisprudence aujourd'hui constante attribue aux termes de cet article un sens général » (*Bull. soc. mus.*, n° 21, p. 46) ; Cass.,16 décembre 1854 (Dallnz., 1855.1.44) ; C. de Paris, 18 juin 1855 (Dalloz, 1855.2.256) ; Trib. corr. de la Seine, 15 février 1822 (Gastambide, p. 266) ; C. de Paris, 25 août 1837 (*Gaz. des Trib.*, 26 août ; C. de Paris, 24 novembre 1876 et 12 janvier 1877 (Pataille, 1877, p. 144) ; C. de Bordeaux, 20 mai 1869 (Pataille, 1870, p. 317).

tière de la propriété artistique dans ce pays fut régie par les lois françaises. La jurisprudence belge admit une interprétation restrictive du mot *spectacles* (1) ; ce n'est que depuis la loi du 22 mars 1886 (art. 16) (2) que la protection accordée à la représentation des œuvres dramatiques et dramatico-musicales est étendue à l'audition des œuvres purement musicales.

M. Reichel (3) signale, *en Suisse,* une difficulté d'interprétation tout à fait semblable, venant de ce que le terme *darstellen* du texte allemand signifie *représenter* ; de là, on a pu dire que « ce terme ne pourrait s'appliquer aux compositions musicales à jouer dans les concerts, mais uniquement aux œuvres dramatico-musicales susceptibles de *Darstellung* ». En fait, aucune difficulté n'est soulevée de ce chef : le texte français porte le mot *exécuter* (4), et l'intention du législateur de protéger l'exécution au même titre que la représentation ne saurait faire aucun doute.

Aux États-Unis, la protection ne date que du 6 janvier 1897 (5) : la loi votée à cette date eut pour principal objet de mentionner les *compositions musicales* par une modification de l'article 4966 des statuts révisés, loi de 1891 (6) n'ayant consacré que le droit de représentation des œuvres scéniques.

(1) Trib. d'Anvers, 23 mai 1882 ; Trib. de Liège, 4 janvier 1883, Cattreux, p. 92 et 94.
(2) Lyon-Caen et Delalain, I, p. 175.
(3) *Droit d'auteur*, 1893, p. 20.
(4) V. *Droit d'auteur*, 1900, p. 7.
(5) *Ibid.*, 1897, p. 14.
(6) Loi du 3 mars 1891, Lyon-Caen et Delalain, *Suppl.*, p. 85.

En Norvège, l'exécution des œuvres musicales n'est protégée que depuis la loi du 4 juillet 1893 (art. 2) (1) ; *en Suède*, sur les instances de l'Académie de musique suédoise (2), depuis la loi du 28 mai 1897 : partout, dans les nouveaux articles, les œuvres musicales figurent expressément, par l'adjonction des mots *offentligt færedraga* (*færedragande*) qui signifient le débit en public, c'est-à-dire par rapport à ces œuvres leur exécution publique.

La loi danoise, article 17 (3), exige encore « l'appareil scénique » et ne protège donc pas les œuvres purement musicales.

*
* *

Si la protection accordée aux œuvres purement musicales est de date récente, la question de principe d'une protection à accorder aux *œuvres chorégraphiques* n'est pas encore résolue

« Œuvres chorégraphiques » n'est pas le terme exact : chorégraphico-musicales, devrions-nous dire, si ce néologisme était permis ; car nous n'avons à nous occuper de ces œuvres qu'en tant que musicales pour partie , de même que les œuvres dramatico-musicales.

Si l'idée d'une protection à accorder aux œuvres chorégraphiques est de date relativement récente, si le principe même de cette protection est encore discuté, et si différentes législations ne le consacrent pas encore, cela tient surtout à la *qualité* de ces œuvres, à leur mérite, à la façon dont les auteurs les ont comprises.

(1) *Ibid., Suppl.*, p. 56.
(2) *Droit d'auteur*, 1897, p. 137.
(3) Loi du 29 décembre 1857, Lyon-Caen et Delalain, I, p. 191.

Le ballet-pantomime, type de l'œuvre chorégraphique, comprend trois parties distinctes : l'une littéraire, la seconde chorégraphique, la troisième musicale. Le plus souvent, un ballet-pantomime est dû à la collaboration d'un auteur, d'un maître de ballet et d'un compositeur. Il est utile de rappeler cette distinction, car la question n'a pas été envisagée avec toute la clarté désirable.

Aujourd'hui, ces œuvres, faites d'une action intéressante, d'une mise en scène habile et d'une musique soignée, présentent un indéniable caractère artistique. Mais il n'en a pas toujours été ainsi. Le ballet nous vient des pays du Midi, d'Italie surtout, où ce genre de spectacle a toujours eu et a encore une très grande vogue. Au lieu d'être l'œuvre de trois collaborateurs, ce fut souvent l'œuvre d'un seul maître de ballet, sacrifiant tout à la danse, encadrée dans une action quelconque et rythmée d'une musique quelconque.

De plus, une confusion regrettable avec des parades foraines, des exercices de force et d'adresse, voire même le dressage d'animaux, a contribué à retarder la reconnaissance du droit des auteurs d'œuvres chorégraphiques.

On comprend dès lors comment a pu être émise l'idée de subordonner la protection au *mérite* de l'œuvre.

Un jugement du tribunal de la Seine du 11 juillet 1862 (1) donne, comme condition nécessaire à la protection, un caractère d'originalité dans la partie dramatique, l'action, et dans la partie chorégraphique : « si elle est une combinaison de danses existantes, qu'elle soit une composition distincte » (2).

(1) Pataille, 1863, p. 234.
(2) La *science* chorégraphique, comme la *science* musicale (V. plus

D'après une chronique du *Droit d'auteur* (1) « il faut que l'idée du ballet, ou comme dit M. Kohler, *Das dramatische Gedankenbild*, appartienne en propre à l'auteur ». Il ne s'agit plus ici de la partie purement chorégraphique, mais du scenario.

« En cas de contestation (2) les tribunaux sont seuls compétents pour attribuer ou refuser ce caractère d'originalité aux œuvres ; cela est admis universellement. » Il n'y a rien là de particulier aux œuvres chorégraphiques : la qualité d'auteur, nous l'avons vu, exige, outre le travail, la *création personnelle*. C'est discuter la question de savoir quelles sont, parmi les œuvres chorégraphiques, celles qui méritent le titre d'*œuvres*, dont les auteurs méritent le titre d'*auteur*, en prenant cette fois ce mot dans l'acception que lui donne M. Osterrieth (3) traduisant le mot allemand *Urheber* — opposé au terme *autor* — par le néologisme *originateur*.

haut, 1ʳᵉ partie, ch. I) se compose d'éléments divers. D'un côté, des *pas* exécutés isolément par les danseurs ou danseuses, de l'autre, des *groupements*.

Les *pas* sont en nombre limité — par la conformation physique et la grâce nécessaire des attitudes ; — de même les *figures*, agencement de groupes sur la scène, sont limitées par le cadre qu'est le décor, et par la symétrie harmonieuse nécessaire.

Pas plus qu'un accord nouveau, en musique, un pas nouveau, un nouvel agencement de groupes ne serait susceptible de constituer une propriété, le caractère de personnalité faisant défaut.

C'est à l'imagination personnelle de l'artiste d'utiliser ces éléments, pour créer de leur combinaison une œuvre nouvelle, qui laisse au spectateur une impression d'originalité. Dans ces conditions seulement, l'artiste aura la qualité d'auteur et les droits qui en découlent

(1) *Droit d'auteur*, 1899, p. 15.

(2) *Ibid.*

(3) Osterrieth, *Le projet d'une nouvelle loi allemande, Bull. ass.*, annexe au bulletin, n° 9, 3ᵉ série, p. 4.

Mais ce n'est pas trancher la question générale de la protection des œuvres chorégraphiques.

Tout autre est la question posée dans le protocole de clôture (20 juin 1884) d'une convention entre l'Italie et l'Allemagne (1). En réponse à la demande de l'Italie de voir expressément indiquées les œuvres chorégraphiques parmi les œuvres protégées, « ...le plénipotentiaire allemand a déclaré qu'il lui était impossible de répondre à ce vœu, parce que, d'après la tendance de la législation allemande qui ne mentionne pas les œuvres chorégraphiques, il faut abandonner aux tribunaux le soin de décider, le cas échéant, si la protection accordée aux œuvres dramatiques ou dramatico-musicales contre la représentation publique, s'étend ou ne s'étend pas aux œuvres chorégraphiques ».

Cette résistance vient d'idées ayant cours en Allemagne à l'égard de ces œuvres. Lors de la conférence diplomatique de Berne en 1885, M. Reichardt, délégué allemand, répondait aux délégués italiens réclamant la protection : « En proclamant *sans réserve et sans distinction* la protection des œuvres chorégraphiques, ne courrait-on pas le danger de comprendre implicitement dans cette protection telle ou telle pseudo-chorégraphie qui ne mériterait point d'être rangée parmi les œuvres d'art ? Voulez-vous protéger à ce titre toute pantomime, toute scène chorégraphique représentée au cirque, à la foire, dans les baraques, même en pleine rue ? »

La commission à laquelle la proposition avait été renvoyée ayant fait observer que « la définition de ces œuvres

(1) *Droit d'auteur*, 1899, p. 16.

rencontre des difficultés sérieuses », on inséra dans le protocole de clôture (chiffre 2) une disposition en vertu de laquelle les pays dont la législation range *implicitement* ces œuvres parmi les œuvres dramatico-musicales, les admettent expressément au bénéfice des dispositions de la Convention.

La Conférence de Paris, revisant en 1896 la Convention de Berne, maintint sur ce point le *statu quo* : le rapport de M. Renault constate que, d'après la délégation allemande, il n'existe pas encore dans la science, la législation ou la jurisprudence, de définition satisfaisante des œuvres chorégraphiques ; de plus, « on ne s'entend pas sur les limites de la protection à accorder à ces œuvres ».

Trois pays protègen* expressément les œuvres chorégraphiques : ce sont :

L'Italie, loi du 19 septembre 1882, art. 3, 10, 23 et 27 (1) ;

La Grande-Bretagne, loi du 1ᵉʳ juillet 1842, art. 2 (2) ;

La Norvège, loi du 4 juillet 1893, art. 7 (3).

En France, la jurisprudence (4) et les auteurs s'accordent à faire bénéficier les œuvres chorégraphiques de la protection accordée aux œuvres dramatico-musicales.

« Un ballet, dit M. Pouillet (5), comporte un enchaîne-

(1) Lyon -Caen et Delalain, I, p. 382.
(2) *Ibid.*, I, p. 270.
(3) *Ibid.*, *suppl.*, p.59.
(4) Trib. de la Seine, 11 juillet 1862 (Pataille, 1863, p. 234) ; Trib. de commerce de Rouen, 12 novembre 1875 (Pataille, 1877, p. 212). Huard et Mack, nᵒˢ 20, 803, 804, 871.
(5) Pouillet, nᵒ 40.

G. — 7

ment de scènes, une action dramatique, des épisodes, qui
constituent une véritable pièce de théâtre, et par conséquent une production de l'esprit nécessairement protégée
par la loi...Ce qui est vrai du ballet dans son ensemble est
également vrai de ses diverses parties, dès l'instant que,
prises isolément, elles ont un caractère de réelle originalité. »

En Espagne, malgré l'absence de dispositions spéciales,
un commentateur de la loi, M. Danvila (1) dit qu'un ballet est une véritable pièce de théâtre, et partant une production de l'esprit nécessairement protégée par la loi.

En Allemagne, une consultation de la commission des
experts littéraires, du 1er février 1886 (2), admet les œuvres chorégraphiques au bénéfice de la protection accordée par l'article 50 alinéa 1 de la loi : cette opinion s'ap-
puie d'abord sur l'intention du législateur de protéger la
production intellectuelle indépendante dans la mesure la
plus large, — puis sur le fait qu'au moment de la promulgation de la loi, des ballets étaient représentés à l'égal
des œuvres dramatiques, sans que le paiement des auteurs
donnât lieu à des contestations, — enfin sur l'illogisme
d'une protection accordée aux pièces à décors, féeries, et
refusée aux ballets.

Cependant, telle n'a pas été, comme nous venons de le
voir, l'opinion des plénipotentiaires allemands lors des
conférences de Berne et de Paris, ni dans l'élaboration
des conventions particulières.

On lit dans l'exposé des motifs du nouveau projet de

(1) Danvila, p. 385.
(2) Dambach, 176.

loi (art. 1⁰ʳ) : « Les pantomimes et les œuvres chorégraphiques jouissent, d'après l'opinion générale, de la protection contre la représentation illicite, pourvu qu'elles
représentent une action *dramatique* : elles constituent,
aux termes du projet, des œuvres *scéniques* (art. 19). Toutefois, elles ne peuvent prétendre à la protection qu'en
tant qu'*écrits*, c'est-à-dire lorsque le développement dramatique de l'action a été noté par écrit ; cette condition
existera toujours du moment où l'œuvre *sera digne d'être
protégée.* »

Ces derniers mots montrent à quelle préoccupation
obéit le législateur allemand : pour lui, le fait : 1° de l'existence d'une action dramatique, c'est-à-dire d'un *livret*,
œuvre littéraire ; 2° de la *notation*, représente un double
critérium de la *valeur* de l'œuvre.

M. Osterrieth, commentant le projet (1) en conclut :
« Le texte du projet amènera fatalement les magistrats à
s'efforcer de délimiter les différents groupes d'œuvres au
lieu de rechercher si elles constituent des créations individuelles ou non. »

Or, d'après le projet, comment ces différents groupes
se trouveront-ils délimités ? Il semble que la nécessité
d'une *action* conduise à n'accorder la protection qu'aux
pantomimes et ballets-pantomimes, excluant le simple divertissement. Et par la nécessité de la *fixation de l'œuvre
par écrit,* la protection paraît refusée aux ballets réglés
par *tradition*, comme ils le sont encore maintenant, généralement, en raison des complications que présente la notation chorégraphique (2), et aussi de la connaissance trop

<hr>

(1) *Le projet d'une nouvelle loi allemande*, p. 10.
(2) Notation graphique accompagnée d'explications écrites.

peu répandue de cette notation chez ceux-là même qui
sont appelés à en faire usage.

Il n'est pas admissible qu'on laisse aux tribunaux le soin
de déclarer si une œuvre est digne ou non de protection.
C'est — nous avons eu déjà occasion de le rappeler — un
principe fondamental en matière de propriété artistique,
que toute œuvre doit être protégée quel qu'en soit le mérite. La loi doit déterminer quelles sont les catégories d'œuvres artistiques susceptibles de protection. Laisser cela
dans l'indécision serait permettre des abus sans nombre.
C'est ce que reconnaît un jugement du tribunal de commerce de Rouen, du 12 novembre 1875 (1), curieux par un
certain dédain pour la chorégraphie : «... il n'en faut pas
moins reconnaître que, dans la conception d'un scenario
même, la mise en scène, le mouvement, l'action et le dé-
noûment, peuvent laisser une impression agréable au spectateur, et de là, une certaine prospérité pour un théâtre ;
d'où il suit que, *quel que soit le mérite de l'œuvre*, elle
constitue un droit et reste la propriété de son auteur, et
doit lui rapporter profit selon son importance ».

C'est donc la crainte de ranger parmi les œuvres artistiques protégées des œuvres qui ne seraient pas dignes de
cette qualification, qui a retardé la reconnaissance du
droit (2).

(1) Cité p. 97, note 4.
(2) La question de protection, remarquons-le, ne se pose pas pour
la partie musicale, protégée à titre d'œuvre musicale, ni pour le
scenario, protégé comme œuvre dramatique (il n'y a aucune raison
pour ne pas assimiler le drame *mimé* au drame *parlé*). C'est donc

Il n'est pas douteux que des œuvres nombreuses de ce genre présentent un caractère éminemment artistique. Il est même souhaitable que les législations aillent plus loin, et protègent les costumes et les décors, non seulement contre la reproduction par l'impression (1), la photographie ou le cinématographe (2), mais contre la représentation non autorisée.

Evidemment, la cause du peu de souci que l'on montre de la protection des œuvres chorégraphiques est dans le peu de développement de la notation de cet art ; il est constant que les ballets des chefs-d'œuvre du répertoire lyrique, de Meyerbeer, de Rossini, d'Ambroise Thomas et d'autres, ne se règlent que sur des traditions qui varient d'un théâtre à l'autre, au lieu d'être réglés d'après une notation. Mais, du jour où l'auteur de la partie chorégraphique se présentera comme un auteur qui écrira les pas qu'il aura réglés, du jour où son nom paraîtra sur l'affiche et sur la feuille du titre à côté de ceux de l'auteur du scenario et du compositeur de la musique, les maîtres de ballet des théâtres qui représenteront l'œuvre dans la suite seront tenus à une exécution fidèle de la chorégra-

pour la partie purement chorégraphique que la question se pose. N'envisageant cette œuvre que comme chorégraphico-musicale, nous n'aurions pas eu à nous arrêter ainsi sur ce point, si la conséquence de la non-protection de la partie chorégraphique n'était que l'œuvre, protégée dans deux de ses parties sur trois, n'est pas protégée *dans son entier*.

(1) V. Cour de Paris, 30 décembre 1898, *Droit d'auteur*, 1899, p. 19.

(2) La reproduction par le cinématographe constitue le seul mode de reproduction de l'œuvre chorégraphique : alors que la photographie immobilise, ne rend que des attitudes figées, le cinématographe rend les gestes animés et les mouvements des groupes sur la scène.

phie, aussi bien que le régisseur et le chef d'orchestre veillent à l'exécution fidèle de la partie dramatique et de la partie musicale.

Ainsi que le faisait remarquer M. Maillard (1) la vogue nouvelle de la pantomime, la facilité de transporter ces œuvres en tous pays, puisque pour elles comme pour la musique, point n'est besoin de traduction, le succès de grands ballets (citons *Excelsior*, la *Korrigane*, *Coppelia*, la *Maladetta*) — et de simples divertissements comme la *Fée des poupées* qui font le tour du monde — les progrès incessants dans un sens éminemment artistique et la vogue croissante de ces œuvres militent en faveur d'une protection véritable et efficace, au même titre que les œuvres dramatiques et les œuvres musicales.

(1) Maillard, *Etude sur les principes qui pouraient servir de base à l'unification des législations sur le droit d'auteur dans les pays de l'Union de Berne*, p. 5. Rapport au Congrès de Dresde, 1895, *Bull. ass.*, 3° série, n° 2, juillet-septembre 1895.

Entreprises où l'audition se présente comme une partie accessoire.
Bals, cirques, manèges, etc.— Conférences, démonstrations scientifiques, etc.
Recette indirecte : but de lucre.
De l'exécution au moyen d'instruments mécaniques.

Dans certaines entreprises, l'audition d'œuvres musicales ne se présente pas comme la partie principale qui, seule, doit attirer le public, mais comme l'accessoire.

Il en est ainsi des cafés-concerts, qui sont, d'abord et principalement, des cafés, et où la musique n'a pour but que de distraire les consommateurs ; des bals, où la musique n'est pas jouée dans le but d'être entendue, mais dans celui de rythmer la danse ; des cirques, manèges de chevaux de bois, où sa seule utilité est de donner la gaîté et l'entrain.

Peu importe la nature de l'emploi qui est fait des œuvres musicales. Il en est fait usage, cela suffit. « Vainement on prétendrait (C. de Paris, 12 juillet 1855) (1) que ce n'est pas la musique qui attire aux bals de l'Opéra, où elle n'est qu'un accessoire ;... cet accessoire forme un élément nécessaire de ces bals, et il importe peu d'ailleurs d'apprécier dans quelle proportion la musique doit compter dans l'attrait des fêtes et dans les gains illicites qu'en

____

(1) Dalloz, 1855. 2.257.

peut retirer l'entrepreneur. » D'ailleurs, la musique de bal constitue une part très importante de la production musicale, et de nombreux compositeurs s'y adonnent spécialement : ils seraient donc privés de toute rémunération. C'est ce que fait observer avec raison un jugement du tribunal de Montargis (1) : « Si la propriété d'un quadrille et les droits de ses auteurs n'étaient pas protégés par la loi, il faudrait en conclure que les artistes qui se livrent à des compositions ou à des arrangements de cette espèce n'y auraient aucun droit, et ne pourraient retirer aucun bénéfice de leurs œuvres, tandis qu'elles enrichiraient ceux qui s'en serviraient pour faire prospérer leur industrie. »

Dans les cirques, les clowns exécutent des compositions musicales : évidemment, l'audition de ces œuvres n'est qu'accessoire, et le choix paraît en importer peu : ce sont les exercices gymnastiques qui se présentent comme la partie principale.

A côté de cet argument, un autre a été invoqué à ce sujet, que l'on peut vraiment s'étonner de rencontrer. La Cour de cassation de Rome, le 19 septembre 1889, a rendu un arrêt dont voici un des considérants (2) : «... Il n'y a pas exécution, en règle générale, quand la reproduction véritable et artistique fait défaut, c'est-à-dire quand la reproduction ne se fait pas avec la composition ou le travail original de l'auteur... Reproduire, c'est produire de nouveau, et ici c'est produire de nouveau le travail de l'auteur, de sorte que le délit n'est possible que dans

______

(1) Trib. de Montargis, 10 juin 1863 (*Bull. soc. mus.*, bulletin spécial, n° 4, p. 10).

(2) Cour de cassation de Rome, 19 septembre 1889 (*Droit d'auteur*, 1889, p. 136).

le cas où le travail ou le motif musical est reproduit *dans
la pureté de ses lignes originales...* Mais du moment où
le tribunal admet en fait que deux acrobates, deux pail-
lasses, exécutaient sur l'harmonium et sur le violon, dans
les intervalles d'exercices gymnastiques et de cabrioles, la
romance de Martha par Flotow et la Mandolinata par Pa-
ladilhe, et cela d'une manière grotesque et dans un café
chantant, il ne pouvait plus être question de fraude envers
les auteurs célèbres de ces morceaux de musique ni d'une
concurrence qui leur aurait été faite par la reproduction
baroque, puisque l'idée maîtresse de la loi n'est pas de
protéger l'art contre la profanation, mais bien d'assurer
à l'auteur des œuvres de l'esprit la jouissance exclusive
des profits qui proviennent de la publication ou de la reproduction de ses œuvres... »

Pas plus que la valeur de l'œuvre, la valeur de la reproduction par l'exécution ne doit être prise en considération.
D'autre part, admettre une semblable théorie ne protégeant une œuvre que contre la « véritable reproduction »,
c'est-à-dire contre l'exécution fidèle, c'est aboutir à des
conséquences absolument contraires à la pensée de tout
législateur. C'est donner un privilège à l'exécution mauvaise. « Pourrait-on soutenir, dit M. Rosmini (1), que
quand des artistes, chanteurs ou instrumentistes ne pouvant exécuter, faute de voix, de méthode ou d'agilité, les
passages ou les roulades de Mozart, de Rossini, se façon-
nent à leur gré, par des changements sacrilèges, les morceaux difficiles, de sorte qu'on les reconnait à peine, il n'y
aura pas contrefaçon parce que la reproduction exacte et
artistique de la composition originale fait défaut? » Aussi

(1) *Droit d'auteur*, 1889, p. 137.

ne faut-il pas s'étonner, dans un pays où de semblables théories ont été admises par la plus haute juridiction, de voir invoquer en réponse à des poursuites intentées pour exécution illicite de l'intermezzo de *Cavalleria Rusticana*, de Mascagni, le fait que l'exécution a eu lieu « sans le concours de tous les instruments pour lesquels l'*intermezzo sinfonico* avait été composé (1) ». Le préteur ne crut pas devoir s'arrêter à cette considération ; non plus que ne l'avait fait auparavant le tribunal de Naples, qui, le 18 décembre 1884 (2) avait considéré comme une exécution illicite une parodie du *Trovatore* de Verdi.

Heureusement, ces exemples sont à peu près les seuls, et cet argument d'une exécution mauvaise n'est pas parmi ceux qui sont généralement opposés aux revendications des auteurs. Il est à peine besoin d'insister. Faisons seulement remarquer que considérer la valeur de l'exécution nécessiterait l'emploi de jurys spéciaux, composés de spectateurs ou auditeurs ayant assisté au spectacle ou au concert.

Aussi bien, nous voyons d'un autre côté invoquer dans le même but l'*argument contraire d'une exécution excellente* : l'auteur avait mauvaise grâce à se plaindre, aucun préjudice n'ayant pu lui être causé. Un jugement du tribunal de Namur cité par M. Wauwermans (3) répondit à cette prétention en fixant la double nature du droit : « le défendeur a violé la personnalité de l'auteur, en même temps qu'il l'a privé d'une redevance à laquelle il avait droit. »

(1) *Ibid.*, 1891, p. 142
(2) *I diritti d'autore*, 1885, p. 22.
(3) *Droit d'auteur*, 1895, p. 78.

Ce même jugement du tribunal de Namur tranche une autre question : il s'agissait d'exécution de morceaux au cours d'une conférence, à titre d'exemples.On cherchait à étendre aux concerts-conférences les dispositions concernant le droit de citation des œuvres littéraires. Voici la réponse de M. Gevaërt, directeur du conservatoire de Bruxelles, de qui on avait exécuté ainsi une œuvre : « Il n'y a pas de citation proprement dite dans l'espèce. J'entendrais par citation celle faite *par le conférencier lui-même qui chanterait comme il le peut les airs qui font l'objet de la conférence*, mais ici mon Noël a été exécuté par un artiste : c'est un concert intercalé dans une conférence, séance mixte dont la dénomination est indifférente ou accessoire. J'ai déjà moi-même donné des concerts dans lesquels je faisais précéder la musique d'une allocution destinée à guider le public : cela n'en était pas moins des concerts... »

Un marchand de pianos donne des séances, ayant pour seul but de faire valoir les qualités de sonorité de ses pianos. Le juge de paix du 3e canton de Bruxelles (29 octobre 1897) (1) ne s'arrêta pas à cet argument, d'autant que, comme c'était à supposer « le choix des morceaux n'était pas aussi indifférent que l'allègue le défendeur, la composition du programme étant de nature à attirer un nombre plus ou moins considérable d'auditeurs ».

Expliquant le mécanisme d'un phonographe reproduisant des airs de musique, un marchand prétendait « n'avoir pas commis le délit relevé contre lui parce qu'il ne donnait pas une représentation à proprement parler ni un

(1) *Bull. soc. mus.*, n° 49, p. 88.

concert, mais ne faisait entendre ces divers morceaux qu'à l'appui des démonstrations qu'il donnait de l'appareil présenté au public ». Le tribunal de commerce de Beaune (9 juillet 1896) (1) condamna, considérant « qu'au reste, s'il n'avait pas eu d'autre but que celui de faire entendre ces morceaux à titre de citation ou d'exemple, il n'avait qu'à les prendre dans le répertoire ancien, ainsi qu'il en avait le droit ».

M. Blanc (2) faisant allusion à un concert de ce genre, signale un *but de lucre* déguisé ; le fabricant qui fait connaître un instrument, ayant des chances de le vendre.

Ceci nous amène à l'exposé d'un nouvel argument invoqué spécialement — nous le retrouverons plus loin, et nous aurons occasion d'en parler de façon plus générale — par les directeurs d'entreprises où la musique n'est que l'accessoire. Suivant eux l'exécution, outre qu'elle est accessoire, aurait lieu *sans but de lucre* : donc, aucun préjudice ne serait causé aux auteurs.

(1) *Bull. soc. mus.*, n⁰ 48, p. 70. Dans le même sens : justice de paix de Bruxelles, 1ᵉʳ canton, 2 octobre 1899 (*ibid.*, n⁰ 51, p. 114) : « Attendu que, dans les auditions par le graphophone, l'élément musical, loin d'avoir l'insignifiance que lui prêtent les défendeurs, constitue en réalité l'élément principal, est l'objet d'une exploitation puissamment et minutieusement organisée... par le choix des exécutants pour la mise au point de l'instrument... que dans cette mise au point du répertoire de l'instrument par des interprètes choisis *ad hoc,* tous sont rémunérés selon leur talent et leur mérite ; que, selon le soutènement du défendeur, *il n'y aurait lieu de négliger,* dans cette rémunération générale, *que les auteurs eux-mêmes des œuvres dont se compose le répertoire...* »

(2) Trib. corr. de la Seine, 24 juin 1845 ; Blanc, p. 245.

Dans certains cafés, l'entrée est payante, c'est le cas des *cafés-concerts* ordinaires. Aucun doute ne peut s'élever : il s'agit d'une véritable recette directe.

Dans d'autres — c'est le cas de cafés-concerts d'ordre inférieur — le prix des consommations est surélevé ; quelquefois cette augmentation ne concerne que le prix de la première consommation. La différence entre le prix ordinaire et le prix spécial plus élevé constitue le paiement de l'entrée au concert.

Dans d'autres enfin, le prix des consommations n'est nullement augmenté. C'est ici que la question du but de lucre a lieu d'être posée.

La réponse est facile : le propriétaire du café, par l'audition d'œuvres musicales, cherche à augmenter sa clientèle : c'est dans cette augmentation que consiste la *recette indirecte* qu'il réalise.

Généralement, les musiciens exécutants sont payés, souvent à des prix élevés: c'est la meilleure preuve que le propriétaire du café trouve quelque avantage à ces auditions. Un arrêt de la Cour d'appel et de cassation de Berne, du 26 mai 1894 (1), constate « qu'il est par trop manifeste qu'il (le cafetier) a tâché de tirer profit des concerts par une fréquentation plus grande de son établissement qu'il voulait obtenir par ce moyen ».

Même dans l'espèce d'un café où des consommateurs s'amusent à chanter, par simple distraction, le but de lucre existe. Un cafetier fut condamné dans ces conditions par le tribunal de Marseille (2) : « attendu que ceux-ci (les

(1) *Droit d'auteur*, 1898, p. 20.
(2) 26 mars 1886, *Bull. soc. mus.*, bulletin spécial, no 2, p. 20.

chanteurs) font partie de ses habitués, sont simplement guidés par leurs goûts à chanter devant leurs camarades et ne reçoivent d'autre récompense que les applaudissements des assistants ; que ce n'est que par occasion que quelquefois, se cotisant entre eux, les habitués appellent un chanteur de profession.., à qui ils offrent une rétribution sans que le directeur du café y concoure ; qu'il n'en est pas moins vrai que c'est devant le public que ces œuvres musicales sont exécutées, et que le directeur de l'établissement en retire un véritable profit, parce que ce spectacle attire chez lui une plus nombreuse clientèle. »

D'ailleurs, le fait que l'exécution n'aurait pas eu lieu dans un but de lucre ne saurait empêcher l'auteur d'exercer ses droits.

Du moment qu'il est publiquement fait usage d'une œuvre, une rétribution est due à l'auteur. Peu importe, en effet, à celui-ci la nature de l'usage que l'on fait de son œuvre : il suffit qu'un bénéfice *puisse être réalisé* au moyen de la représentation ou de l'exécution.

Ce bénéfice a-t-il été réalisé ? il n'est que juste que l'auteur en ait sa part.

N'a-t-il pas été réalisé ? par le fait que l'organisateur de l'audition ait entendu en faire don, soit au public en le faisant jouir gratuitement de l'audition, soit à telle œuvre de charité ou d'éducation — ou que l'organisateur malheureux ou maladroit ait été mal favorisé — cela importe peu à l'auteur.

Un usage public a été fait d'une œuvre ; — cet usage public permettait la réalisation de bénéfices ; — de ce seul fait l'auteur est fondé à exercer son droit, et à exiger la rétribution qui lui est due.

*
* *

Si nous traitons à cette place de l'exécution à l'aide
d'instruments mécaniques, c'est que les exécutions de ce
genre, en raison de l'imperfection de l'instrument, ne sont
jamais données comme auditions musicales véritables. Les
orgues de barbarie sont employés dans les manèges, dans
les bals : là où l'audition musicale n'est pas l'attrait principal et se présente comme accessoire.

En principe, peu importe le moyen d'exécution ; et
l'exécution à l'aide de ces instruments doit être soumise
aux règles générales.

Mais comme la plupart des législations ont aujourd'hui
concédé aux fabricants d'instruments mécaniques un privilège exorbitant en leur donnant, au mépris des droits
de l'auteur, la *liberté de reproduire*, la question de l'exécution à l'aide de ces instruments présente un intérêt tout
particulier.

Il est nécessaire, auparavant, de dire quelques mots de
cette liberté de reproduction.

La fabrication des instruments de musique mécaniques
a été et est encore une des principales industries de la
Suisse. C'est pourquoi le législateur n'a pas hésité, dans
ce pays, à consacrer, au profit d'une industrie nationale,
la liberté de reproduction : il n'en pouvait d'ailleurs
résulter aucun préjudice pour ses nationaux, la Suisse
n'ayant pas, à ce moment du moins, de production musi-

cale. Négociant un traité de commerce avec la France (1), la Suisse demanda pour ses fabricants la faculté d'importer ses instruments en France, sans être passibles de poursuites. Le gouvernement français s'engagea donc à présenter aux Chambres un projet de loi d'après lequel la reproduction par instruments mécaniques ne constituait pas une contrefaçon. Ce projet devint la loi du 16 mai 1866 (2).

La disposition en fut reproduite dans la loi suisse de 1883 (3), et, à la demande de la Suisse, dans la convention de Berne, chiffre 3 du protocole de clôture (4).

(1) Convention du 30 juin 1864.

(2) Lyon-Caen et Delalain, I, p. 42. Un projet de loi sur la propriété artistique, de 1879, faisait disparaître cette anomalie: l'exposé des motifs (n° 1765, *Chambre des députés*, 2° *législature, session de* 1879, p. 13) blâmait les législateurs de 1866 d'avoir apporté cette restriction aux droits des auteurs.

« Les artistes, écrivait M. Lyon-Caen à ce propos (*La propriété artistique d'après les nouveaux projets de lois français, belge et suisse*), doivent pouvoir réclamer tous les profits pécuniaires que leur œuvre est susceptible de procurer. Ils ont un intérêt moral à ce que leur œuvre ne soit pas défigurée, et la reproduction faite à l'aide des boîtes à musique ou autres instruments mécaniques a parfois ce résultat. On allègue que les œuvres musicales sont faites pour être exécutées comme les livres pour être lus, que la reproduction sonore n'est pas interdite, parce que ce serait comme si la loi interdisait à l'acheteur d'un livre de le lire. Il y a là une confusion évidente. La fabrication d'instruments mécaniques n'est pas une atteinte au droit exclusif d'exécution des œuvres musicales. Le fabricant commet un acte analogue à celui de l'individu qui, sans y être autorisé par l'auteur, imprime une œuvre de musique. »

V. Proposition de loi sur la propriété littéraire et artistique, présentée par M. Philipon, député (n° 754, *Chambre des députés, 4° législature, session de* 1886, p. 74).

(3) Loi du 23 avril 1883, art. 11, 11°; Lyon-Caen et Delalain, I, p. 547.

(4) « Il est entendu que *la fabrication et la vente* des instruments

Cette exception en faveur des fabricants d'instruments mécaniques ne pouvait causer aux musiciens ni aux éditeurs un préjudice sérieux. Il n'existait, à ce moment, que les *boîtes à musique* et les *orgues de barbarie*. La boîte à musique était un objet de curiosité plutôt qu'un instrument de musique, et l'orgue de barbarie ne servait guère qu'aux mendiants pour demander l'aumône. Chacun de ces instruments ne pouvait exécuter, très mal, que trois ou quatre morceaux, ou plutôt courts fragments, toujours les mêmes.

Mais, depuis, cette industrie fit des progrès. Au cylindre à pointes de la boîte à musique, cylindre faisant partie intégrante de l'instrument, on substitua un cylindre lisse sur lequel s'ajustaient des chemises mobiles de fer blanc estampées en relief ; de même, des disques interchangeables. Dès lors, le répertoire de chaque instrument n'était plus invariablement limité, mais, en principe, indéfini.

De nouveaux perfectionnements furent apportés, par l'invention de disques et de bandes de carton perforé ; et les instruments eux-mêmes, des orgues de barbarie primitifs devinrent les puissants instruments des fêtes foraines d'aujourd'hui.

Evidemment, la situation n'était plus la même.

D'une part, les musiciens ne pouvaient plus dédaigner un instrument susceptible de remplacer un orchestre pour certaines exécutions publiques telles que celle de musique de bal ; d'autre part, la reproduction possible à l'infini

servant à reproduire mécaniquement des airs de musique empruntés au domaine privé ne sont pas considérées comme constituant le fait de contrefaçon musicale. » Lyon-Caen et Delalain, II, p. 230.

des cartons perforés, le débit à part de ces cartons, étaient de nature à causer aux éditeurs un véritable préjudice (1). Vendus séparément, les disques ou bandes de carton devenaient autant d'éditions musicales.

La reproduction au moyen de ces nouveaux instruments perfectionnés était-elle permise ?

Il est certain que les législateurs n'avaient eu en vue que les conditions spéciales du moment et que les dispositions législatives ne pouvaient viser que les instruments très primitifs qu'étaient les boîtes à musique et les anciens orgues de barbarie. Cela résulte partout des travaux préparatoires dans lesquels cette dérogation est justifiée par l'absence de préjudice causé (2).

Cependant, la jurisprudence en général en décida autrement (3).

(1) D'autant que des mécanismes avaient été inventés s'adaptant à tout piano, et généralisant par là l'emploi de ce nouveau procédé d'exécution.

(2) V. *Droit d'auteur*, 1895, p. 54.

(3) Trib. civ. de la Seine, 3 août 1893, C. de Paris, 9 janvier 1895 (*Droit d'auteur*, 1895, p. 63).

Allemagne : Trib. supérieur de Leipzig, mars 1890 (*Droit d'auteur*, 1890, p. 119. Trib. supérieur de Géra, 23 mai 1890 (*ibid.*, 1890, p. 120). V. *Journal du droit international privé*, 1889, p. 728, Cour de circuit Massachusets, 28 janvier 1888.

Les motifs, partout les mêmes, sont des plus inattendus et partent d'une conception complètement erronée.

On a cherché l'assimilation possible entre les cartons perforés et les éditions musicales ordinaires, afin de voir si un préjudice pouvait être causé à l'éditeur par la vente concurrente des cartons. Des expertises furent ordonnées, et la conclusion fut que la notation particulière du carton perforé *n'était pas de nature à remplacer pour l'exécutant la musique gravée* ; que, d'autre part, les disques ou bandes, bien que matériellement séparables puisque vendus à part, *faisaient partie intégrante de l'instrument* en ce sens que sans eux il

Un autre préjudice, d'ordre intellectuel, moral, est généralement causé aux auteurs par cette licence de reproduction accordée aux instruments mécaniques. Les ressources de ces instruments sont assez bornées : faits pour jouer dans un nombre restreint de tonalités, certaines modulations (passage à des tonalités différentes) leur sont impossibles. Si donc l'auteur a écrit une de ces modulations, le fabricant, de par son droit de libre reproduction, ne se fera pas faute *d'arranger*, de faire subir des modifi-

ne rendait que des sons incohérents.

Or, ce n'était pas la destination de ces éditions spéciales qu'il fallait envisager, selon qu'elles devaient servir à un exécutant ou à un automate, mais bien le but, qui se trouve être le même : obtenir une exécution musicale, « au moyen d'une édition musicale appropriée aux besoins des deux catégories d'exécutants ».

Le jeu de tout instrument consiste dans l'acte de faire fonctionner un appareil générateur de sons, au moyen de touches de clavier, de pistons d'instruments à vent, ou d'action du doigt rétrécissant la corde dans les instruments à archet, de la façon indiquée par des signes conventionnels. Dans l'instrument mécanique, l'exécutant est remplacé par un automate. Un mécanisme transmet à l'appareil générateur de sons la musique indiquée sur le carton, de même que l'exécutant traduit en sons les notes qu'il lit.

Une remarque curieuse est à faire, toute d'actualité et qui vient à l'appui de cette argumentation. Tout dernièrement, on mit en vente des cythares sous les cordes desquelles on glissait un carton ; sur ce carton, des points placés exactement sous chaque corde indiquaient successivement la corde à pincer : de cette façon, l'exécutant ignorant était à même de jouer une mélodie. Il devenait donc par le fait, un véritable automate inconscient, et son rôle était absolument semblable à celui du mécanisme transmetteur, faisant produire à l'instrument sonore les sons indiqués par les perforations des disques ou bandes de carton.

Ce même raisonnement réfute le second argument invoqué : si, sans carton perforé, l'appareil transmetteur ne peut obtenir de l'instrument que des sons incohérents, un piano joué par un exécutant sans musique lue (ou apprise par cœur, et qui n'improvise pas bien entendu) ne rend non plus que des sons incohérents.

cations au morceau qu'il reproduit et qui, textuel, serait inexécutable. De même, certaines notes faisant défaut, l'harmonie risquera de n'être pas complète.

A la contrefaçon matérielle que constitue la reproduction s'ajoute donc la plupart du temps l'arrangement illicite.

.*.

L'exécution publique à l'aide de ces instruments doit rester soumise aux règles ordinaires (1).

La Convention de Berne (protocole de clôture, chiffre 3) ne vise que la reproduction ; de même, la loi française de 1866, l'ordonnance souveraine monégasque du 27 février 1889 (2) ; la loi suisse du 23 avril 1883.

Cependant, il est à craindre que la liberté de reproduction n'entraîne la liberté d'exécution.

En ce qui concerne la Convention de Berne, la Conférence n'a pas voulu se prononcer sur le point de savoir si l'exécution publique à l'aide de ces instruments était ou non autorisée (3).

Déjà, d'après la loi autrichienne du 26 décembre 1895, la restriction apportée aux droits des compositeurs concerne aussi bien l'exécution publique que la reproduction : « La fabrication et *l'usage public...* ne constituent pas une atteinte au droit d'auteur... » (art. 36) (4).

(1) La jurisprudence française est en ce sens : Trib. de la Seine, 24 novembre 1877 (*Le Droit*, 30 novembre 1877) ; C. de cass., 21 juillet 1881 (Dalloz, 1881.1.394) ; C. d'Amiens, 24 décembre 1881 (*La Loi*, 5 janvier 1882).

(2) Art. 17, al. 3. Lyon-Caen et Delalain, I, p. 427.

(3) Lyon-Caen et Delalain, II, p. 231, note 1.

(4) *Ibid.*, *Suppl.*, p. 25.

Le projet de la nouvelle loi allemande consacre dans son article 23 la liberté de reproduction (1) et dans son article 25, la liberté d'exécution.

Une telle disposition constitue une atteinte très grave aux droits des compositeurs. Comme le faisait remarquer M.Souchon au Congrès d'Heidelberg (2), dans les cirques, manèges, etc., il suffirait désormais de remplacer les orchestres par des instruments mécaniques, pour n'avoir plus à payer aucune rétribution.

*
* *

A côté des appareils *générateurs* de sons, il en est d'autres qu'on peut qualifier les uns d'*enregistreurs,*comme le phonographe, les autres de *transmetteurs,* comme le théâtrophone.

On considérerait volontiers ces appareils comme de simples objets de curiosité : mais n'en était-il pas ainsi, d'abord,des boîtes à musique et orgues de barbarie ? Avec les progrès de l'industrie, ils seront perfectionnés : ils le sont déjà.

Dans un concert donné par Strauss au Madison Square Garden de New-York, en 1890, le maître viennois condui-

(1) L'article 21 (Osterrieth, p. 28) vise expressément les instruments à organes interchangeables, alors que la jurisprudence, de défavorable (v.plus haut,p.114) était devenue sur ce point favorable aux auteurs (Trib. supérieur de Leipzig,28 mai 1890, *Droit d'auteur*, 1890, p. 120 ; Trib. impérial, 19 décembre 1888, *ibid.*, 1889, p. 111 ; 31 janvier 1891, *ibid.*, 1891, p. 81 ; 16 décembre 1891, *ibid.*, 1892, p. 78). L'exposé des motifs n'essaie de justifier cette disposition que par des considérations économiques: « les compositeurs et éditeurs de musique allemands doivent faire ici une concession en faveur de l'industrie nationale ».

(2) V. *Le Progrès artistique*, 19 octobre 1899, p. 58.

sait une de ses œuvres, une polka intitulée « le Phonographe » et dédiée à Edison. Le public en réclamant une seconde audition, « Strauss leva le bâton, l'orchestre ne bougea pas, et la polka fut répétée par douze machines que la Société phonographique avaient placées autour de la plate-forme de l'orchestre, avant l'exécution de la nouvelle polka » (1).

Le principe du droit de l'auteur sur l'exécution publique à l'aide du phonographe a déjà été consacré en France (2).

Quant au téléphone récepteur, théâtrophone et appareils semblables permettant l'audition à distance, on ne les connaît guère encore que comme ne permettant l'audition qu'à une seule personne par appareil (3) ; mais le

(1) *Droit d'auteur*, 1891, p. 13.

(2) Trib. de la Seine, 7 mars 1895 (*Bull. soc. mus.*, n° 47, p. 59). Trib. de Beaune, 9 juillet 1896 (*ibid.*, n° 48, p. 70). V. plus haut, p. 108.

En Belgique, Justice de paix de Bruxelles (1er canton), 2 octobre 1899 (*Bull. soc. mus.*, n° 51, p. 114).

(3) L'exécution n'en est pas moins publique. Justice de paix de Bruxelles (1er canton), 1er octobre 1899 (*Bull. soc. mus.*, n° 51, p. 116) :

« Attendu... Que la loi ne distingue pas quant aux modes d'exécution que la science vulgarisée peut multiplier et multipliera à l'infini ;

Qu'il n'importe pas, dès lors, que l'exécution ait eu lieu par voie directe et ordinaire, ou par voie d'instruments récepteurs ou transmetteurs de l'œuvre exécutée dans un autre lieu ; qu'il est évident, dans cette dernière hypothèse, comme c'est le cas dans l'espèce, que, si l'exécution dépend d'une autre, elle n'en constitue pas moins, malgré cette dépendance, une exécution distincte... Que l'exécution organisée par la défenderesse, exécution *distincte* sans contredit, apparaît avec la même évidence comme exécution publique, accessible à tous... »

même soir où Strauss donnait son audition au Madison Square Garden de New-York, un maître de maison donnant une soirée à Morristown se servait comme musique de bal de l'orchestre qui jouait à vingt ou trente milles de là.

Si l'emploi de ces appareils se généralise, la surveillance deviendra difficile : pour placer les appareils récepteurs dans les théâtres ou salles de concerts, il faut nécessairement l'assentiment du directeur ou du propriétaire, mais il n'en est pas de même pour les auditions en plein air.

(*B. — Entreprises présentant un caractère désintéressé.*)

III

Les sociétés d'amateurs.
Les « mutualités musicales » — développement, organisation, raisons des résistances opposées au droit des auteurs.
De la publicité des auditions données par les sociétés.

Depuis longtemps, en Allemagne, en Suisse, des groupes d'amateurs se réunissaient pour « faire de la musique ». Le goût de la musique s'est répandu, s'est développé dans le public, de telle façon que des sociétés d'amateurs se sont fondées partout, dans le double but de distraire leurs membres par le travail commun des répétitions aussi bien que par le plaisir de l'exécution en public, et de distraire le public, privé bien souvent dans les petites villes d'auditions musicales, et, dans les grandes, éloigné des théâtres par le prix trop élevé.

Les sociétés de ce genre se sont multipliées, depuis une cinquantaine d'années, d'incroyable façon. Des concours régionaux, des festivals organisés de tous côtés ont excité l'émulation entre elles des sociétés existantes, et déterminé la formation de sociétés nouvelles.

A l'agrément de faire de la musique s'ajoutèrent nombre d'avantages dont arrivèrent à jouir les membres des sociétés. Indépendamment des prix, quelquefois en argent, donnés dans les concours, chacun de ces concours, organisé

à l'occasion de fêtes municipales, devenait un prétexte à
de nombreux banquets et à des distractions de toute sorte ;
d'autre part, les concours et festivals étaient l'occasion de
voyages payés par la société à ses membres, sur ses ressources provenant, autant que des cotisations de ses membres et des quelques recettes de ses concerts, des généro-
sités de nombreux donateurs, beaucoup d'amateurs tenant
à honneur d'avoir la présidence des sociétés et de les aider
pécuniairement ; d'autre part, les compagnies de chemins
de fer accordèrent des réductions, en général de demi-
place, aux membres des sociétés.

De plus, des répétiteurs — le chef, les meilleurs instrumentistes — donnaient des leçons : c'était une excellente
occasion d'apprendre le solfège et le jeu d'un instrument.

A côté des membres actifs, des membres honoraires,
non exécutants, payaient une cotisation, et en retour profi-
taient des concerts que la société leur offrait de temps à
autre. Ces membres honoraires étaient simplement des
membres auditeurs, jouissant de l'avantage, pour eux et
leurs familles, d'une série de concerts à bon marché.

M. Wauwermans (1) définit très heureusement ces sociétés des « mutualités en vue de procurer à un très grand
nombre de personnes les jouissances de l'art aux conditions les moins onéreuses ».

Lorsque les auteurs émirent la prétention de réclamer
des droits sur ces concerts, les sociétés se récrièrent.

(1) Wauwermans, nᵒ 251.

Comment ! Elles ne pouvaient être assimilées aux entrepreneurs professionnels, qu'évidemment la loi avait entendu seuls viser.

Elles ne donnaient pas d'auditions publiques : leurs concerts étaient des réunions intimes de famille et d'amis.

Elles n'avaient pas en vue la réalisation de bénéfices : la plupart de leurs concerts étaient gratuits, et si par hasard ils étaient payants, c'était, simplement, pour augmenter un peu leurs ressources, leur permettre de subsister d'abord et de se développer, si possible : d'acheter de la musique et des instruments, de payer s'il y avait lieu des répétiteurs.

D'autre part, elles poursuivaient un but véritablement social : une saine distraction donnée à leurs membres exécutants, l'agrément du public ; et à ce titre elles pensaient que leurs revendications devaient être écoutées des pouvoirs publics, soucieux de l'éducation et de l'agrément du peuple.

Elles ont été écoutées, en effet, partout ; et si sur leurs réclamations les auteurs ont pu être injustement expropriés, c'est peut-être parce qu'elles sont, en raison de leur nombre et du nombre de leurs membres, comme le disait un député belge, M. Pirmez, « des corps non seulement musicaux, mais encore électoraux (1)... ».

*
* *

Le droit de l'auteur ne se peut exercer que sur l'exécution *publique*. L'exécution privée est à l'abri de toutes poursuites. Pourquoi ?

(1) Wauwermans, n° 251.

« Il semble, dit M. Pouillet (1) que le droit de propriété de l'auteur soit violé. Mais, en y réfléchissant, on comprend qu'une représentation dans de pareilles conditions non seulement ne peut lui porter un préjudice sérieux ou même appréciable, mais encore (et c'est là l'essentiel) se passe dans un milieu qui échappe nécessairement à son droit : comment, en effet, dans un pareil cas, exercerait-il une action ? Lui sera-t-il permis de pénétrer dans l'intérieur des familles et d'y exercer sa surveillance ? Est-ce possible ? »

Voilà d'abord une raison péremptoire ; le droit de l'auteur se heurte à l'inviolabilité du domicile.

Il est naturel qu'une fois l'exécution dans le domicile considérée comme ayant un caractère privé *parce que se passant dans le domicile*, on ait de là cherché dans le caractère du local le critérium de la publicité.

A l'égard de la détermination de la publicité, la discussion de la loi belge du 22 mars 1886 est très intéressante. On y trouve, au moment de l'élaboration d'une loi qui à juste titre est considérée comme la meilleure de celles qui concernent la propriété littéraire et artistique, des essais successifs de définition.

Un premier critérium fut donc cherché dans le *caractère du local*. Un amendement ayant pour but de préciser la portée des termes « exécution ou représentation publique », fut présenté par la section centrale, en vue de faciliter l'application de la loi. Cet amendement était ainsi conçu : « Est considérée comme publique l'exécution ou

(1) Pouillet, n° 807.

la représentation donnée dans tout local ouvert à plusieurs personnes ayant le droit de le fréquenter et de s'y assembler, à la seule exception des maisons particulières. »

De là : — local public, exécution publique — local privé, exécution privée.

Ce critérium, on s'en rendit bientôt compte, était insuffisant.

Qu'un particulier organise dans son domicile, assez spacieux pour cela, un concert où chacun peut entrer : l'audition évidemment sera *publique*, et cependant il s'agit d'un *lieu privé* (1).

Que, au contraire, son domicile étant insuffisant, un particulier loue les salons d'un hôtel, d'ordinaire lieu public, que pour n'y admettre que ses amis et invités : l'exécution, malgré le caractère *public* du local, est évidemment *privée* (2).

.* .

Le caractère ordinaire d'un local n'étant pas de nature à fournir un critérium certain, on a donc cherché ce critérium dans la *qualité des assistants*.

M. Pouillet (3) est d'avis « avec **MM.** Rendu et Delorme, que, pour que la publicité existe, il faut, mais il suffit que le public soit admis sans invitation directe et personnelle ». C'est aussi l'opinion de M. Schuster (4), de M. Dunant (5). En principe, c'est celle qui semble le plus juste, et le plus raisonnable.

(1) Trib. de Rome, 8 juillet 1892 (*Droit d'auteur*, 1893, p. 61).
(2) C. de cass., 22 janvier 1869 (Pataille, 1869, p. 411).
(3) Pouillet, n° 811.
(4) Schuster, p. 224.
(5) Dunant, p. 78.

— La réunion est accessible à tous, soit gratuitement,
soit par le paiement d'un billet : elle est publique.

— On n'y peut entrer que sur invitation personnelle :
elle est privée.

Mais des invitations, toutes personnelles, peuvent être
lancées en nombre considérable, et si l'accès de la salle
n'est pas accessible à tous, toujours est-il qu'il sera accessible à un très grand nombre de personnes. Peut-on considérer comme privée une exécution devant un public très
nombreux, quoique nominativement invité ?

Remarquons le très grand intérêt pratique qui s'attache
à cette question. Presque tous les concerts de sociétés musicales ne sont donnés que sur invitation ; les véritables
concerts payants donnés par elles sont très rares. Ces invitations s'adressent aux familles des membres exécutants,
aux membres honoraires et aux familles de ceux-ci ; enfin,
souvent, aux autorités de la ville, et même à des représentants de la presse, qui annoncent le concert dans les
journaux et en donnent, après, la critique.

Adopter ce critérium, c'était établir un régime d'exécution libre au profit des sociétés musicales.

Lors de l'élaboration de la loi belge, M. Devolder, ministre de la justice, dit à ce propos (1) : « Accorder d'une façon absolue aux sociétés particulières la faculté d'exécuter
des œuvres musicales sans l'autorisation du compositeur,
c'est apporter une grave restriction au droit d'auteur, sans
une raison d'intérêt public qui la justifie... Admettez-vous
que l'auteur perd son droit, lorsque son œuvre est exécu-

(1) Benoidt et Descamps, n° 250, p. 312.

tée dans le local de ces sociétés, qui comptent tant de membres à même de payer,où tant de personnes n'entrent que pour avoir l'occasion d'assister sans bourse délier — en dehors de leur cotisation annuelle, bien entendu — à un certain nombre de concerts ou de représentations ? N'est-ce pas là presque l'équivalent des représentations publiques, et serait-il juste, dès lors,de priver l'auteur de son droit ? »

Nous avons vu comment la plupart des sociétés étaient constituées en membres exécutants, et membres auditeurs. Or, qu'est-ce que des membres auditeurs, sinon *un public* ? Et, comme auditeurs, aux membres honoraires s'ajoutent la famille de ceux-ci et la famille des exécutants.

*
* *

Le critérium de la *qualité des assistants*, juste et raisonnable s'il ne se fût jamais agi que des pectacles accidentels, n'était plus admissible dès qu'il pouvait permettre, de tous côtés, l'exonération de véritables entreprises permanentes de concerts.

La notion de publicité a été enfin dégagée, et le critérium généralement admis est celui de l'*intimité*.

Au reste, ce critérium nous semble très heureusement admis en matière d'audition d'œuvres musicales. En effet, la question se pose ainsi : quelle est l'étendue du *droit de jouissance intellectuelle* que l'auteur accorde au public par la publication de son œuvre ?

S'agit-il d'une jouissance exclusivement, strictement personnelle ?

Ce serait aller trop loin — et ce ne serait pas logique.

La musique, nous avons développé ce point, est faite pour être exécutée ; — mieux,pour être entendue ; le musicien écrit en vue de l'audition. Le droit de jouissance, ici, doit consister, aussi bien que dans le droit d'exécuter pour soi, dans un droit *d'entendre*. Quels sont donc les auditeurs qui jouissent de ce droit?

Ce sont ceux qui, réunis dans un domicile particulier, sont unis par les liens de la parenté ou de l'intimité. C'est un cercle de relations personnelles.

« Aucune des personnes assemblées dans de telles conditions n'a le droit absolu de s'y trouver, dit M. Wauwermans (1) ; nul n'y pourrait pénétrer, sans violer non seulement la loi du domicile, mais aussi l'intimité, le sentiment du foyer. Nul ne songera même à qualifier de *public* dans le sens usuel du mot ces invités, ces amis. ».

Il n'en est pas de même, dit plus loin le même auteur (2), des sociétés : « Les spectateurs trouvent leur titre dans leur qualité, dans la cotisation qu'ils ont acquittée : il faudrait des mesures spéciales pour qu'on pût les éloigner ou les exclure. Ils auraient même un action en dommages-intérêts si on leur refusait sans motifs l'entrée du local.

« Qui soutiendrait que le même droit existe au profit de celui qui, invité à une soirée privée, se verrait éconduire par le caprice de son amphitryon ? »

C'est indiquer une démarcation nette, établissant le critérium nouveau de l'intimité. Rien ne saurait mieux marquer cette différence entre le caractère d'intimité et celui de publicité, que ce droit absolu d'entrée, appartenant, il est vrai, non à tout le public, mais à une catégorie spéciale, à un public restreint ; néanmoins, à *un public*.

C'est le principe qu'avait consacré un arrêt de la Cour de

(1) Wauwermans, n° 260.
(2) *Ibid.*, n° 265.

cassation française, du 11 mai 1860 (1), et qui a été développé d'une façon intéressante par les considérants suivants d'un jugement du tribunal de Modène, du 19 mai 1891 (2), ne reconnaissant à l'audition un caractère privé que « lorsque les personnes étrangères à la famille y sont appelées par les liens de la parenté, de l'intimité ou de l'amitié étroite, de sorte qu'elles sont considérées comme formant un seul tout avec la famille et s'identifiant avec elle... Au contraire, quand les invitations, les réunions de personnes sortent des bornes restreintes et intimes sus-énoncées ; quand ce n'est plus la liaison de la parenté, de l'amitié, de l'intimité, mais bien un lien plus général qui réunit tous les membres de la société ; quand ce n'est plus la famille et le domicile qui est le centre où l'on s'assemble, mais la vaste et spacieuse résidence de la société qui compte plus de deux cents associés et peut sous certaines conditions augmenter sans mesure les invitations ; quand on y exécute de la musique non dans un but d'étude ou pour le plaisir des seuls sociétaires, mais pour divertir aussi les étrangers... on sort de l'intime et du familier pour entrer dans la publicité ».

Il n'y a aucun doute en ce qui concerne les invitations à *des personnes étrangères*.

Il n'y en a pas davantage en ce qui concerne les *membres auditeurs* ; « il est impossible (3) de ne pas considérer comme publique dans le sens de la loi la réunion d'une société au sein de laquelle sont admis non seulement les

(1) C. de cass., 11 mai 1860, Dalloz, 1860. 1. 293.
(2) *Droit d'auteur*, 1891, p. 72.
(3) Trib. de Mons, 31 juillet 1890, *Droit d'auteur*, 1891, p. 126.

familles des membres exécutants, mais aussi des membres honoraires, se réservant le droit d'assister aux exécutions, moyennant une cotisation annuelle ».

Quant à la *famille des membres exécutants*, un jugement du tribunal de Gand du 19 septembre 1888 (1) admit « les dames... celles-ci ne sont pas des personnes étrangères... étant admises en vertu du règlement, elles peuvent être considérées comme membres de droit ». En réponse, il suffit de citer ce passage de la sentence du juge de paix de Namur du 16 novembre 1895 (2) : Attendu qu'on ne pourrait prétendre qu'en vertu des statuts de la société, les dames et les enfants étant admis dans le local doivent être considérés comme membres de droit — que les clauses de ces statuts sont tout à fait étrangères à la Société des auteurs — que si pareil abus était toléré... une société, en apportant des modifications à ses statuts, pourrait, quand elle le voudrait, augmenter le nombre des personnes que les sociétaires nominativement inscrits pourraient amener à une fête, et enlever ainsi aux auteurs et compositeurs tout le bénéfice que la loi leur accorde...

La réunion des *membres actifs* de la société constitue-t-elle un public ?

Au cours de la discussion de la loi belge (3), les auteurs déclarèrent « qu'ils n'avaient jamais songé à interdire l'exécution de leurs œuvres lorsque cette exécution revê-

(1) *Droit d'auteur*, 1891, p. 72.
(2) *Bull. soc. mus.*, nᵒ 47, p. 77.
(3) Nous avons vu que les essais de détermination du caractère de publicité avaient donné lieu, lors de l'élaboration de la loi belge à des discussions fort intéressantes.

tait un caractère absolument privé » entendant par là
« une exécution pour les membres du cercle, à l'exclusion
de la famille et de toute personne étrangère ». C'est là une
concession des auteurs, car, dit M. Wauwermans (1), « il
paraît absolument certain que les auteurs auraient été en
droit de subordonner à leur consentement les exécutions
devant un pareil auditoire ».

La distinction a été nettement posée par M. de Cara-
man (2) : « Il y a des sociétés composées uniquement d'exécutants auxquelles on peut parfaitement laisser le droit
d'exécuter les œuvres musicales ; puis des sociétés composées non seulement d'exécutants, mais d'un public
véritable... Je crois que les choses ne sont pas égales et
que, alors que les auteurs peuvent admettre une société
composée uniquement de musiciens, ils ne peuvent le
faire lorsque le public est admis. »

.˙.

Jusqu'à présent le soin de déterminer le caractère de
publicité avait été laissé aux tribunaux.

Le projet de la nouvelle loi allemande contient sur ce
sujet une disposition expresse (3), exonérant les exécutions
« lorsqu'elles sont organisées par des sociétés dont les
membres seuls, *y compris leurs familles*, sont admis
comme auditeurs ».

D'après l'exposé des motifs, « le projet entend soustraire à la perception les exécutions musicales privées des
sociétés, quand bien même les familles des membres y
assisteraient, ce qui donne lieu à une certaine publicité ».

(1) Wauwermans, n° 205.
(2) Benoidt et Descamps, III, p. 295.
(3) Art. 26, al. 3.

M. Osterrieth (1) estime que cette liberté « produira fatalement des abus, en ce sens que les entrepreneurs de concerts organiseront des concerts où les abonnés figureront comme membres, pour se soustraire à la perception des droits d'exécution. Pour prévenir ces abus, il serait nécessaire de n'admettre comme membres, dans les sociétés libérées de droits d'exécution, que des personnes prenant une part active aux exécutions organisées par la société. »

(1) Osterrieth, p. 31.

IV

Des exécutions gratuites — sans but de lucre — dans un esprit de
bienfaisance.

Certaines lois ont apporté au droit de propriété de l'auteur d'injustifiables restrictions, concernant les représentations ou exécutions gratuites, sans but de lucre et dans
un esprit de bienfaisance.

Ces dispositions n'ont été adoptées que sur la pression
des sociétés musicales, qui, n'ayant pu aboutir à faire considérer comme privées des exécutions présentant un caractère trop évident de publicité, — et par là se soustraire
au paiement des droits — ont cherché un autre prétexte
à l'exonération qu'elles avaient pour but d'atteindre. Ce
prétexte, ce fut le désintéressement ; et en faveur de l'exonération, des raisons furent présentées, d'ordre philan-
thropique, humanitaire — social même — et artistique.

Sous couleur de charité, les sociétés cherchèrent à soustraire au droit de l'auteur les auditions données dans un
but de bienfaisance ;

Sous couleur de désintéressement, les auditions gratuites, et même les auditions sans but de lucre où une recette n'est perçue que pour couvrir les frais.

L'intérêt social invoqué se rapportait au rôle de la musique délassant des travaux et fournissant une saine dis-

traction dont il était injuste de priver le peuple : c'était, en un mot, une nouvelle allusion à la prétendue qualité de la musique « d'adoucir les mœurs ».

Quant à l'intérêt artistique, il consistait dans la diffusion des chefs-d'œuvre de la musique, et dans l'émulation entre les sociétés, le perfectionnement, le progrès de l'exécution en général.

Ce sont là, brièvement exposés, les arguments que l'on retrouve dans toutes les pétitions émanant de sociétés musicales, et dont la réfutation a été faite bien des fois ; ayant résumé les arguments invoqués, nous nous contenterons de résumer les réfutations que l'on en peut faire, sans nous y arrêter plus longtemps : car ils ne doivent être considérés que comme masquant d'autres raisons, intéressées celles-là : les sociétés ne cherchant qu'à être exonérées d'un paiement qui leur est une charge.

Il est évident que la charité ne peut autoriser la violation d'aucun droit ; le législateur ne saurait obliger les citoyens à pratiquer cette vertu, même malgré eux. « Certes, dit M. Dunant (1), la charité, la bienfaisance, la compassion pour les misères des autres sont [d'admirables vertus qu'on ne saurait trop encourager, mais à une condition : c'est qu'on fasse la charité avec son argent et non avec celui des autres... La charité et la bienfaisance ne revêtent leur véritable caractère que parce que celui qui s'y adonne se dépouille au profit des autres moins favori-

(1) Dunant, *Rapport à la Société suisse des juristes*, p. 166.

sés que lui, mais la charité qui consiste à prendre à l'un pour donner à l'autre n'est plus la charité : c'est le vol. »

D'autre part, rien ne saurait justifier cette mesure exceptionnelle imposant la charité aux *seuls* auteurs, alors qu'à l'organisation d'un concert de bienfaisance des éléments autres que la musique sont nécessaires : or il n'est jamais venu à l'idée de personne d'exiger, par exemple, du propriétaire de la salle, la location gratuite.

Enfin, il est à remarquer que, fort souvent, les concerts de bienfaisance étant des soirées de gala dont l'éclat, justifiant des prix élevés d'entrée, permet la réalisation de recettes importantes, des artistes exécutants de valeur sont engagés et payés très largement.

Cette expropriation atteignant les seuls auteurs se justifie d'autant moins qu'ils sont, comme les artistes en général, volontiers généreux : et si la charité devait être imposée à quelqu'un, ce n'est vraiment pas à eux qu'il faudrait songer d'abord.

En ce qui concerne la gratuité et, plus généralement, l'absence de bénéfices, nous avons signalé l'erreur qui consiste à croire que la part de l'auteur doit être prélevée sur des bénéfices *existants* : il suffit que l'emploi des œuvres musicales constitue, par l'audition publique, un moyen pour l'entrepreneur de réaliser des bénéfices.

Admettre une semblable théorie conduirait à associer l'auteur aux risques de l'entreprise.

L'intérêt social à l'emploi de la musique dans un but d'apaisement de la lutte des classes ne saurait être sérieusement invoqué : ce serait prêter à la musique une vertu qu'elle n'a malheureusement pas, que de l'utiliser à la

solution de la question sociale (1). Le but moins préten-
tieux de la distraction, du délassement qui devrait être
donné au peuple peut être invoqué avec plus de raison,
mais la conséquence n'est pas que l'auteur doive en supporter les frais.

Quant aux progrès de l'art musical, sans nous associer
aux protestations de musiciens éminents qui souvent ont
déploré le choix trop facile, dans les concours musicaux
et les festivals, de productions d'un genre trop peu élevé,
nous pensons qu'un choix judicieux imposé rendrait plus
de services à la cause de l'art que l'exonération d'un paiement à ce point minime, qu'il ne peut être considéré
comme une charge.

*
* *

En Suisse, les sociétés d'amateurs ont obtenu sur ce
point satisfaction complète.

L'article 11, al. 10 de la loi du 23 avril 1883 (2) disposant que « l'exécution ou la représentation d'œuvres dramatiques, musicales ou dramatico-musicales, organisées
sans but de lucre, lors même qu'un droit d'entrée serait
perçu pour couvrir les frais ou pour être affecté à une œuvre de bienfaisance, ne constitue pas une violation du droit
d'auteur », — a été inséré dans la loi à la suite de pétitions
adressées au Conseil fédéral par les sociétés de musique de
Genève (12 octobre 1881), par les membres de la commission du théâtre de Bâle (28 octobre 1881), etc. (3).

(1) Cet argument a été invoqué lors du pétitionnement suisse de
décembre 1896. V. Wyss ; Dunant, *Rapport à la Société suisse des
juristes*, p. 175.
(2) Lyon-Caen et Delalain, I, p. 546.
(3) V. plus haut, p. 73.

Un commentaire de M. Droz (1) prouve clairement que cette disposition a été édictée en faveur des sociétés d'amateurs.

S'appuyant sur les travaux préparatoires, M. Reichel (2) est d'avis que « l'article 11, chiffre 10, ne peut se rapporter, sous peine de réduire le droit d'exécution à très peu de chose, aux sociétés qui en vertu de leurs statuts poursuivent le but d'organiser des exécutions publiques, qui ont leur administration régulière de caisse et qui font rentrer dans celle-ci les recettes provenant de concerts, afin d'augmenter, le cas échéant, la fortune de la société ». M. Dunant (3), de même, pense que cette disposition ne peut concerner les sociétés « qui ont précisément pour but d'organiser des concerts ou des représentations publiques dont le bénéfice augmente le patrimoine social alors même que ces sociétés ne poursuivent pas le but de faire des bénéfices ».

Ce serait restreindre l'application de la loi aux sociétés qui donnent, une fois par hasard, un concert accidentel ; mais les mêmes commentateurs s'empressent de reconnaître que la question est fort douteuse : comment d'une disposition qui, de l'avis de M. Droz lui-même, a pour but de favoriser les sociétés d'amateurs, pourrait-on restreindre le bénéfice aux seules sociétés qui donnent par hasard un concert accidentel ? Toutes les sociétés musicales sont des entreprises de concerts. Quant au but de lucre, une décision du Conseil fédéral (4), rendue en réponse à une

(1) *Journal du droit international privé*, 1883, p. 334.
(2) Reichel, Consultation consacrée au droit d'auteur sur les œuvres musicales en Suisse. *Droit d'auteur*, 1893, p. 20.
(3) Dunant, *Rapport, etc.*, p. 132.
(4) *Ibid.*, p. 132.

demande émanant de la *Stadtmusik* de Berne, interprète la loi comme ne s'appliquant « pas seulement à l'exécution ou à la représentation d'œuvres dramatiques, musicales ou dramatico-musicales dans les cercles restreints de famille ou de connaissances, mais bien à toute exécution ou représentation d'œuvres de ce genre, organisée sans but de lucre ». C'est, d'après ce que nous avons vu au sujet de la publicité, admettre la présence des membres honoraires, qui ne sont rien moins, d'ailleurs, que *de véritables abonnés*.

Les sociétés suisses ont si bien obtenu satisfaction sur ce point, que leur pétition de décembre 1896 ne réclamait rien en ce qui concerne les auditions données dans ces conditions : cette pétition tend, comme nous le verrons, à la suppression de la perception de tantièmes sur *toute* exécution (1).

.·.

En France, la Chambre des députés fut saisie, en 1888, par M. Maurice Faure, d'une proposition de loi tendant à exempter de la perception les exécutions musicales gratuites ou données dans un but de bienfaisance.

Cette proposition « répondant au vœu exprimé dans de nombreuses pétitions adressées au Parlement *par la plupart des sociétés musicales et orphéoniques* (2), fut heureusement repoussée.

---

(1) Le principe de l'exonération au cas de gratuité ou de but de bienfaisance est consacré également par la loi dans d'autres pays : Espagne, loi du 10 janvier 1879, art. 19, § 2 (Lyon-Caen et Delalain, I, p. 213) ; Monaco, ordonnance souveraine du 27 février 1889 (encore en vigueur sur ce point), art. 11, al. 3 (*Ibid.*, I, p. 425). Pays-Bas, loi du 28 janvier 1881, art. 1ᵉʳ (*Ibid.*, I, p. 459).

(2) *Le Courrier de l'art*, 27 juillet 1888.

Une proposition de M. Gaillard, ayant pour objet « d'exempter du paiement des droits d'auteurs et compositeurs, dans tous les cas d'exécutions ou d'auditions gratuites, *les sociétés musicales populaires* », fut votée par la Chambre, après déclaration d'urgence, sans débat, à mains levées en fin de séance, le 18 juillet 1893.

Heureusement, au Sénat, ce projet parut mériter un examen plus sérieux. Une enquête contradictoire fut ouverte, et une commission extraparlementaire nommée.

Mais de suite, il ne s'agit plus de discuter la légitimité des revendications des sociétés : sans oser violer le droit des auteurs, gouvernement et commission s'accordèrent à penser que ces revendications méritaient d'être prises en considération ; le but des discussions fut de rechercher « un *modus vivendi* qui, tout en accordant quelques satisfactions aux sociétés musicales, laisserait intacte la loi protégeant la propriété artistique » (1).

Aussi une convention fut-elle signée, le 22 mai 1894, entre le ministre au nom de la commission extraparlementaire, et la Société des auteurs.

Voici, d'après la circulaire ministérielle du 21 mai 1894 (2), sur quelles bases cet accord fut établi :

« Le syndicat de la Société des auteurs, compositeurs et éditeurs de musique autorise les sociétés orphéoniques (chorales, fanfares, harmonies) à exécuter les morceaux

(1) V. *Le progrès artistique*, 13 juillet, 10 et 24 août, 7 septembre 1899.

(2) *Circulaire du ministre de l'instruction publique aux préfets relative aux auditions musicales gratuites données par les sociétés chorales et instrumentales des départements*, Lyon-Caen et Delalain, *Suppl.*, p. 7.

du répertoire de la Société des auteurs, compositeurs et éditeurs de musique, dans toutes leurs auditions publiques et gratuites, c'est-à-dire ne donnant lieu à aucune recette directe ou indirecte, moyennant une redevance annuelle, à titre de droit d'auteur, d'un franc par société. »

C'était, comme on le voit, la simple reconnaissance d'un principe ; c'était l'exonération, sinon en droit, du moins en fait.

« Traité applicable *exclusivement aux auditions gratuites* », stipulait la circulaire ; — il n'en était pas ainsi en réalité. Il y a mille façons de percevoir une recette en sauvant la gratuité de la porte, — qui constituent les recettes indirectes, dont nous avons parlé. Evidemment, la commission n'avait entendu exonérer que les auditions d'un caractère populaire et gratuites absolument : fêtes, marchés en plein air, concerts publics etc., et cependant elle admettait, entre toutes les recettes indirectes, la plus importante : les cotisations de membres honoraires. Si bien que cette exonération d'exécutions gratuites se trouvait être, le plus souvent, une exonération d'exécutions payantes.

Il est intéressant de signaler ce fait, que la Société des auteurs ne pouvant user de la menace du refus général d'autorisation (1), et ne disposant d'aucun moyen pour exiger le paiement, les sociétés d'amateurs se gardèrent de l'acquitter : sur les sept mille sociétés françaises, à peine deux mille acquittent le droit d'un franc (2).

(1) V. 1re partie, ch. V.
(2) L'*Instrumental*, numéro de décembre 1899, lettre de M. Souchon, agent général de la Société des auteurs, compositeurs et éditeurs de musique.

Cette disposition n'a pas été sans soulever des difficultés d'interprétation.

Lors du congrès des sociétés musicales qui eut lieu à Paris en 1899, M. Souchon, au nom de la Société des auteurs, se plaignit de nombreux abus : l'exonération portait sur des concerts où les artistes recevaient des cachets, et sur des concerts composés d'un seul morceau, prétextes à parties de plaisir, organisés dans le but d'augmenter le nombre des membres honoraires.

Les municipalités, d'autre part, tentèrent de se réclamer de ce traitement spécial (1) pour les concours et festivals. M. Souchon écrivait au directeur des Beaux-Arts (2) : « Le syndicat n'a voulu et n'a entendu appliquer cette faveur qu'aux sociétés musicales, mais pour leurs exécutions personnelles, c'est-à-dire dues à leur unique initiative, et sous leur seule responsabilité. En outre, notre syndicat estime que les concours et festivals comprennent toujours soit des recettes directes, soit des recettes indirectes, et que même quand ils sont organisés aux frais d'une ou de plusieurs sociétés musicales, ce genre de fêtes tombe pleinement sous l'application de nos droits. ».

La question fut portée devant les tribunaux : un jugement du tribunal de Vervius du 30 juillet 1895, un autre du tribunal d'Avesnes du 7 mai 1896 (3) firent justice de ces prétentions, considérant que d'une part la municipalité était organisatrice de ces fêtes, d'autre part on ne

(1) Nous n'avons pas à traiter la question des responsabilités au cas d'exécution illicite, qui ne rentre pas dans notre sujet ; faisons toutefois remarquer que l'entrepreneur est, ici, la municipalité qui organise le festival, auquel les sociétés ne font que prêter leur concours.

(2) *Bull. soc. mus.*, n° 46, p. 54.

(3) *Bull. soc. mus.*, n° 48, p. 54.

pouvait exciper de l'absence de but de lucre, à raison des recettes indirectes.

*
* *

Un cas absolument semblable à celui dont nous avons parlé tout à l'heure, de vote de la Chambre non ratifié par le Sénat, s'est présenté en Belgique au moment de l'élaboration de la loi de 1886.

Un député, M. Pirmez, avait fait adopter par la Chambre, en première lecture, un amendement ainsi conçu : « Aucune représentation publique ne peut avoir lieu *dans un but de spéculation* que du consentement de l'auteur. » . Au second vote, il reconnut s'être trompé : « C'était surtout dans la crainte de voir les sociétés musicales, si nombreuses dans le pays, atteintes dans leur élément vital, que j'avais proposé mon amendement. » Mais M. Pirmez se rallia à un amendement proposé par la section centrale et adopté par le Gouvernement, d'après lequel l'auteur ne pouvait exercer ses droits « partout où aucune rétribution, ni directe ni indirecte, n'est perçue des auditeurs ni payée aux exécutants (1) ».

C'est cet amendement qui, adopté par la Chambre lors du second vote, fut repoussé par le Sénat.

« En réalité, dit M. Wauwermans (2), le but que visaient tous les orateurs qui formulèrent des amendements était *de soustraire à toute redevance les représentations et exécutions des sociétés particulières.* »

---

(1) Remarquons en passant cette restriction : l'auteur n'eût été frustré de ses droits qu'au cas où les exécutants n'auraient pas été payés. C'était une sorte de pudeur de ne pas imposer à l'auteur un désintéressement que n'auraient pas eu ses interprètes.

(2) Wauwermans, n° 274.

Nous avons parlé, à propos de la tarification (1), des pétitionnements des sociétés belges : en même temps, ces pétitions réclamaient l'exonération des exécutions gratuites. Ajoutons qu'en 1893 la « Fédération des sociétés musicales, chorales, dramatiques et d'agrément » créait un bulletin mensuel ; un article de fond inséré dans les deux premiers numéros revendiquait l'exonération (2). En 1894, la fédération envoyait au Sénat une pétition tendant à la révision de la loi de 1886, demandant qu'aucun droit ne fût perçu, au cas de gratuité ou de but de bienfaisance, *au détriment* des sociétés (3).

La question fut soulevée de nouveau à la Chambre à l'occasion de la discussion du budget de 1897, en mars 1898, en même temps que celle de la communication du répertoire (4). Le rapport de la section centrale concluait à l'exonération ; mais, après discussion et enquête du ministre, le budget fut voté sans difficultés. Les protestations des auteurs furent signalées au cours des débats : M. Gevaërt, directeur du conservatoire de Bruxelles, avait écrit au ministre de l'agriculture et des beaux-arts : « Ces sociétés, qui trouvent tout naturel de payer des centaines de francs de cachet à une cantatrice ou à un soliste exécutant, ne peuvent se résigner à payer aux auteurs la maigre obole que ceux-ci réclament pour avoir composé des œuvres qui charment leurs auditeurs... »

(1) V. Ire partie, ch. V.
(2) *Droit d'auteur*, 1893, p. 18.
(3) Sénat, séance du 27 janvier 1894, *Annales parlementaires*, p. 43.
(4) V. plus haut, p. 81.

* *

Aux États-Unis, lors de la discussion de la loi du 6 janvier 1897 (1), un député, **M.** Hulick, proposa l'amendement suivant : « Toutefois, lorsque ladite exécution ou représentation sera organisée dans une intention charitable ou généreuse (*benevolent*), il n'y aura pas lieu à la poursuite prévue par la présente loi. Des arguments d'une saveur tout américaine (2) y répondirent : « Si je vole vos pommes de terre, puis-je dire que je les ai volées pour les donner aux pauvres ou à une vente en faveur d'une église ou à quelque autre institution charitable, sans aucun profit pour moi ?... »

L'amendement fut repoussé.

* *

L'alinéa 1 de l'article 26 (énumérant les cas d'exonération) du projet de la nouvelle loi allemande est ainsi conçu : « Lorsque les exécutions ont lieu dans des fêtes populaires, à l'exclusion des fêtes musicales, ou dans les divertissements de la danse (3). »

Si d'ailleurs la loi de 1870 ne contenait aucune disposition de ce genre, c'est que, comme nous le verrons, le droit d'exécution, proclamé en principe, n'était pas exercé

---

(1) *Droit d'auteur*, 1897, p. 14.

(2) *Ibid.*, 1897, p. 27.

(3) Les mots « divertissements de la danse » ont soulevé au Congrès d'Heidelberg (V. *Le progrès artistique*, 19 oct. 1899) de vives protestations de la part de **M.** Souchon, craignant de voir dans ces termes trop peu explicites un privilège accordé aux entrepreneurs de bals. Il suffit, dit **M.** Osterrieth (p. 3), de limiter cette liberté aux danses *populaires,* à des foires, à des kermesses, etc

en fait, par suite de la formalité de la réserve d'abord (1),
d'un défaut d'organisation ensuite.

L'exception du but de bienfaisance est prévue par l'alinéa 2 : « Lorsqu'elles sont organisées dans un but de
bienfaisance et que les exécutants n'obtiennent aucune
rétribution pour leur travail. » Nous venons de voir une
idée analogue dans un amendement présenté à la Chambre belge : ce n'est qu'au cas où les artistes prêtent un
concours désintéressé que les compositeurs feront de
même, avec cette différence, toutefois, que leur désintéressement à eux sera forcé.

Les motifs font figurer parmi les exécutants l'organisateur, « afin d'éviter les fraudes » (2).

(1) V. plus loin, 3e partie, ch. II.
(2) Osterrieth, p. 30.

V

Exécution au cours de solennités civiles, militaires, religieuses, dans les écoles et les pensionnats.

L'exonération consacrée au profit des sociétés populaires l'a été en même temps, par les mêmes dispositions législatives, en faveur soit des exécutions organisées dans les solennités civiles, militaires, religieuses, soit des exécutions organisées par les écoles et pensionnats.

L'article 11 alinéa 10 de la loi suisse du 23 avril 1883 (1) visait dans sa première rédaction : les *écoles*, *pensionnats*, sociétés privées ou sociétés d'amateurs. La commission du conseil des États n'a modifié ce texte que dans le but de lui substituer une rédaction plus explicite (2).

L'ordonnance souveraine monégasque du 27 février 1889, encore en vigueur sur ce point, vise les exécutions des *solennités civiles et religieuses* (3).

En Espagne, l'article 101 du règlement du 3 septembre 1880 (4) exempte du paiement de droits l'exécution dans les solennités religieuses, militaires ou civiles où le public peut assister gratuitement.

(1) Lyon-Caen et Delalain, I, p. 546.
(2) *Ibid.*, I, p. 546, note 1, Dunant, p. 92.
(3) Art. 11 al. 3, Lyon-Caen et Delalain, I, p. 425.
(4) *Ibid.*, I, p. 247.

G. — 10

Toutefois, les œuvres musicales ne pouvaient être exécutées « qu'avec la permission du propriétaire, et dans la forme en laquelle celui-ci les a publiées ».

Le droit moral de l'auteur était ainsi sauvegardé.

Mais un décret du 4 août 1888 modifia sur ce point l'article 104 du règlement de 1880, imposant toujours la condition de l'exécution fidèle, mais supprimant l'obligation du permis préalable. On lit dans l'exposé des motifs (1) : « Les possesseurs de quelques œuvres musicales, se prévalant de cette restriction pour refuser systématiquement le permis exigé, sans être désintéressés par une somme déterminée, sont arrivés à rendre rétribuée l'exécution de ces œuvres dans les représentations d'un caractère gratuit, et cela manifestement contre l'esprit et le texte des dispositions légales en vigueur. »

* *

En l'absence de dispositions législatives spéciales, les exécutions des musiques militaires, et les exécutions au cours de cérémonies religieuses sont en fait, dans certains cas, exemptées du paiement des droits.

En ce qui concerne les exécutions des *musiques militaires*, il y a lieu de faire une distinction.

Il suffit de citer à cet égard un jugement du tribunal de Chambéry, du 9 juillet 1898 (2) : « ...Attendu, au point de vue de la publicité, que si l'on peut considérer comme exécution privée l'exécution qui a lieu lorsque la musique militaire accompagne le régiment, car alors elle remplit son office, office tout intime et privé, le régiment formant

(1) Lyon-Caen et Delalain, I, p. 247, note 1.
(2) *Bull. soc. mus.*, n° 50, p. 85.

en quelque sorte une grande famille, il n'en est plus de
même lorsque, séparée du régiment, elle vient, à une
heure déterminée, donner un concert dans les rues et
places publiques ; l'exécution est alors réellement publique et ses conséquences, au regard des droits des auteurs,
sont à la charge de la personne qui a organisé l'audition
et le concert où la musique militaire se fait entendre... »

Accompagnant le régiment, la musique « est destinée,
dit M. Pouillet (1), en dehors de toute spéculation, à distraire les soldats et à soutenir leur moral ».

Donnant des concerts sur les places publiques, la musique militaire doit être assimilée à une société musicale.

Quant aux exécutions au cours de cérémonies religieuses, une distinction aussi est à faire.

On admet généralement que l'exécution peut avoir lieu
sans autorisation *au cours de cérémonies du culte* : la
Société française ne prétend, en ce cas, à aucune perception. Et ce, au détriment des compositeurs de musique
religieuse, qui n'exercent en fait aucun droit d'exécution.

Ce n'est, d'ailleurs, qu'une concession des auteurs. En
mai 1891 (2), l'intermezzo de *Cavalleria rusticana*, de
Mascagni, fut exécuté au cours d'une cérémonie religieuse,
dans une église de Pise, sans qu'aucune autorisation ait
été sollicitée ; sur la plainte de l'auteur, le préteur consi-
déra l'exécution comme illicite.

« Si l'on distinguait, dit M. Pouillet (3), entre l'exécu-

(1) Pouillet, n° 817.
(2) *Droit d'auteur*, 1891, p. 142.
(3) Pouillet, n° 816.

tion dans une église et l'exécution dans un théâtre, on créerait une distinction arbitraire entre les différents genres de musique. La musique religieuse pourrait être impunément pillée, tandis que l'autre, celle destinée aux théâtres ou aux cafés-concerts, devrait être respectée. Est-ce juste ?

« Au surplus, n'arrive-t-il pas quelquefois que l'exécution, pour avoir lieu dans une église, n'en est pas moins une représentation qui fournit au public l'occasion d'entendre les artistes les plus distingués de nos théâtres en s'associant à une bonne œuvre. »

Ceci nous amène au cas où des droits d'auteur sont perçus : c'est celui où de véritables concerts sont organisés dans les églises par des chanteurs, des chœurs et un orchestre, où une véritable recette est faite, souvent considérable, les prix d'entrée étant aussi élevés que ceux des théâtres et des grands concerts.

Des œuvres musicales sont spécialement destinées à des concerts de ce genre : ce sont les *oratorios*, écrits généralement pour soli, chœurs et orchestre, à la différence de la musique religieuse ordinaire, en général écrite pour chœurs avec accompagnement d'orgue, adaptée aux paroles des chants liturgiques et destinée à être chantée pendant les cérémonie du culte.

M. Lyon-Caen apprécie ainsi qu'il suit, à propos de la loi suisse, les dispositions de ce genre (1) :

« Les raisons alléguées en faveur de ces restrictions ne

____

(1) *La propriété artistique d'après les nouveaux projets de loi français, belge et suisse*, p. 12.

nous paraissent pas avoir une grande valeur. On se prévaut de l'intérêt de l'éducation ; on dit qu'il y a là une contribution sociale bien légitimement due par l'artiste à ses concitoyens, qu'il leur paie ainsi tout ce qu'il a reçu d'eux par l'éducation et par l'accueil fait à ses œuvres, aussi bien que par la protection spéciale que la loi lui accorde. Nous reconnaissons, sans doute, que l'intérêt de l'éducation nationale est fort grand. Pour son développement, l'État a le droit et le devoir de faire les plus grands sacrifices ; mais on ne saurait lui reconnaître pour cela le droit de dépouiller en tout ou en partie les particuliers de ce qui leur appartient... Non seulement les dispositions dont il s'agit portent atteinte au droit de propriété artistique, mais encore elles peuvent avoir un résultat déplorable et bien opposé, sans doute, aux vœux du gouvernement suisse : elles peuvent décourager ceux qui composent des œuvres exclusivement destinées aux écoles ou aux églises. »

TROISIÈME PARTIE

DES CONFLITS POUVANT NAITRE ENTRE LES TITULAIRES DIFFÉRENTS DES DEUX DROITS D'EXÉCUTION ET DE PUBLICATION.

————

I

Raisons d'être d'un antagonisme d'intérêts.
L'œuvre musicale se prêtant à une double exploitation : par l'exécution, par la publication. — L'auteur titulaire du droit d'exécution; l'éditeur du droit de publication.
Préjudice porté à la vente par la perception de tantièmes sur l'exécution.

L'auteur d'une œuvre littéraire non dramatique n'a sur son œuvre qu'un droit de reproduction. Ce droit, il le cède généralement à l'éditeur. Dès lors, les intérêts de l'auteur et ceux de l'éditeur sont les mêmes : tous deux agissent ensemble, d'un commun accord, une fois les conditions arrêtées entre eux, en vue de l'exploitation de l'œuvre. L'avantage de l'un est celui de l'autre : ils sont liés par une absolue *communauté d'intérêts*.

Il n'en est pas de même en ce qui concerne les œuvres

susceptibles de représentation en général, et, tout particulièrement — comme présentant des conditions spéciales
à raison de frais d'édition considérables — les œuvres
musicales.

La possibilité d'une double exploitation, sous deux formes différentes, d'une part par la publication, de l'autre
par l'exécution, se présente comme un caractère particulier des œuvres susceptibles de représentation ou d'exécution.

A la différence de l'éditeur d'œuvres dont le seul mode
possible d'emploi est la lecture, le seul mode d'exploitation, la vente — l'éditeur d'œuvres susceptibles de représentation ou d'exécution n'est pas seul à exploiter ces
œuvres comme il l'entend ; — de là, il est porté à considérer comme concurrente et préjudiciable à ses intérêts
l'exploitation parallèle de la même œuvre, d'autre façon,
par l'auteur.

L'objet de cette troisième partie est d'étudier les causes de cet antagonisme d'intérêts, d'en examiner les
conséquences, et de chercher les moyens propres à y mettre fin.

Sous un régime d'exécution payante, le public — nous
entendons par là le public *exécutant*, l'organisateur, l'entrepreneur, professionnel ou accidentel, directeur de
théâtre ou de concert, ou société musicale : en un mot,
celui qui est soumis au droit d'exécution — le public *paie
de deux côtés pour la même œuvre* : d'un côté, pour l'a-
chat ou la location de l'exemplaire — de l'autre, pour
l'emploi qu'il en fait par la représentation ou l'exécution.

Le prix étant du fait de ce double paiement plus élevé, on a été amené à en conclure que le public achèterait moins.

Les éditeurs sont donc portés à considérer comme défavorable à leurs intérêts le régime d'exécution payante, en ce qu'ils y voient une cause de diminution de la vente des exemplaires.

***

D'autre part, seul le régime d'exécution payante est à même de sauvegarder les intérêts moraux et pécuniaires de l'auteur.

Les intérêts moraux de l'auteur sont sauvegardés par l'obligation, en vue de chaque exécution, d'obtenir son consentement préalable.

Quant à ses intérêts pécuniaires, nous avons vu que la véritable rémunération de l'auteur n'est pas celle qu'il tire de la vente à l'éditeur : d'une part l'éditeur supporte des frais considérables par suite de l'impression coûteuse et de la quantité d'exemplaires différents nécessaires à l'exécution d'une même œuvre symphonique (comme le sont la plupart des œuvres destinées à l'exécution publique) ; et ces frais ainsi que les risques (d'autant plus importants que les frais sont plus élevés) diminuent d'autant la rémunération du compositeur ; — d'autre part, les chances de succès étant d'autant moindres que l'auteur est peu connu du public, seuls les auteurs connus seront en situation d'imposer leurs conditions.

***

L'intérêt de l'éditeur étant de soumettre l'œuvre qu'il édite à un régime d'exécution libre, *si cela est possible et qu'il soit en état de l'imposer à l'auteur*, il est à craindre qu'il ne le fasse, au détriment de celui-ci (1).

Or, cela est possible dans certains cas.

Le droit d'exécution n'est pas partout, dans tous les pays, consacré sans restriction : la législation intérieure de certains États en subordonne l'exercice à l'accomplissement d'une formalité : la *réserve* formelle faite par l'auteur. De là, les œuvres pour lesquelles le droit d'exécution n'a pas été réservé sont, dans ces pays, d'exécution libre.

L'observation ou l'omission de la réserve permet donc, dans certains pays, de placer à volonté chaque œuvre sous un régime d'exécution payante (c'est l'intérêt de l'auteur) — ou d'exécution libre (c'est l'intérêt de l'éditeur).

*
* *

La situation créée par l'obligation de la réserve, bien que très grave, n'est que temporaire : tout porte à croire que bientôt cette formalité cessera d'être exigée (2).

Mais l'antagonisme d'intérêts entre auteur et éditeur — dont la cause est dans la double exploitation de l'œuvre — n'en existera pas moins. L'éditeur cherchera à le résoudre à son profit.

Supposons l'éditeur titulaire des deux droits : du droit d'exécution aussi bien que du droit de publication.

Étant ainsi maître d'organiser à sa guise l'exploitation de l'œuvre, que fera-t-il ?

Devant les résistances du public à la perception de tantièmes sur l'exécution, les intérêts du public se trouvant concorder avec les siens propres, il n'exercera pas le droit

(1) V. plus loin, p. 163.
(2) V. chap. II, le vœu de la Conférence de Paris, 1896.

d'exécution sous cette forme : il ne dirigera l'exploitation de l'œuvre que du côté de la vente.

Deux systèmes, que nous aurons à examiner, sont aujourd'hui appliqués, résolvant le conflit conformément aux intérêts de l'éditeur. On peut exposer ainsi qu'il suit le point de départ de chacun d'eux :

a) Chercher à vendre le plus possible, et, s'appuyant sur ce que l'exécution est la meilleure réclame à la vente, *la faciliter* le plus possible ; donc, n'acquérir le droit d'exécution que pour en supprimer l'exercice. Ce régime est, simplement, celui de l'*exécution libre*, généralement appliqué en Angleterre ; l'application n'en peut être tentée que dans les pays où, comme dans celui-là, le débit de la musique atteint de grandes proportions.

b) Si un débit considérable n'est pas à prévoir, ne pas chercher à vendre davantage : maintenir les prix, et obliger chaque entreprise à l'*achat direct* chez l'éditeur : c'est dans ce but que l'éditeur exploiterait le droit d'exécution, n'autorisant l'exécution que si elle a lieu à l'aide d'un matériel acquis de cette façon ; nous appellerons ce régime, qui est appliqué en Allemagne : *régime de l'exécution libre sous la condition de l'acquisition directe du matériel.*

Avant d'aborder cette étude, deux questions dont la connaissance préalable est nécessaire ; celle de la *mention de réserve* et celle du *matériel,* vont faire l'objet de deux chapitres spéciaux.

De la mention de la réserve.
Œuvres soumises à l'obligation de la réserve : œuvres originales ;
 arrangements et réductions ; œuvres publiées et non publiées.
Conséquences de l'obligation de la réserve en ce qui concerne les
 éditeurs d'une part, les auteurs de l'autre.
Suppression : Vœu de la Conférence de Paris. Raisons de l'opposition faite à la suppression.

« Droit d'exécution réservé ».

Ce n'est qu'à la condition d'une mention ainsi formulée
d'ordinaire, et imprimée sur la feuille du titre, en tête de
l'ouvrage, que certaines législations permettent à l'auteur
l'exercice de son droit d'exécution.

L'exigence de cette formalité, sans laquelle l'auteur ne
peut exercer un droit qu'il possède, prend le caractère
d'une véritable restriction au droit d'exécution. Comment
se fait-il qu'elle subsiste dans certaines lois nationales et
dans la Convention de Berne, alors que toutes mentions
semblables, telles que « contrefaçon interdite » — qui ont
pu être autrefois exigées alors qu'était contesté le principe même de la propriété intellectuelle, — ont été sup-
primées ?

C'est que, justement, le droit d'exécution, quoique universellement reconnu et proclamé, est encore discuté,
non seulement quant à la façon dont il est exercé, mais
dans son principe même. La notion de ce droit, tout imma-
tériel, présente un caractère de subtilité qui le rend peu

accessible à beaucoup ; — ajoutons à cette difficulté de
dégager une notion abstraite *l'intérêt* qui pousse les entrepreneurs d'exécutions publiques, directeurs ou sociétés,
à considérer comme un privilège abusif et injustifié l'exercice d'un droit qui les gêne. Ajoutons encore la reconnaissance relativement récente de ce droit, et les habitudes
anciennes d'exécution libre qui pouvaient faire considérer
comme un droit un abus de longue date, une habitude
séculaire, — on comprendra facilement que la reconnaissance complète du droit d'exécution ait pu être ainsi retardée, et que, aujourd'hui encore, l'exercice en reste soumis à des formalités de privilège, de droit exceptionnel
qu'il soit nécessaire de se réserver.

Dès 1791 (1), la France a reconnu de la façon la plus
large et la plus complète le droit d'exécution, sans en
soumettre l'exercice à l'obligation de formalités semblables.

D'autres législations ont consacré de même, sans restrictions de ce genre, le droit absolu de l'auteur sur l'exécution de son œuvre : Belgique, loi du 22 mars 1886,
art. 16 (2) ; Espagne, loi du 10 janvier 1879, art. 19 et 20 (3) ;
Monaco, ordonnance souveraine du 3 juin 1896 (4).

Par contre, nombreuses sont les dispositions législatives qui subordonnent l'exercice du droit d'exécution du

---

(1) Lois des 13-19 janvier, 19 juillet-6 août 1791 ; Lyon-Caen et
Delalain, I, p. 11.
(2) Lyon-Caen et Delalain, I, p. 175.
(3) *Ibid.*, I, p. 212.
(4) *Droit d'auteur*, 1896, p. 89. Cette ordonnance supprima l'obligation de la mention de réserve imposée auparavant.

compositeur à l'accomplissement de la formalité de réserve.

D'après l'article 9,alinéa 3 de la Convention de Berne (1), le droit de l'auteur s'exerce sur les œuvres musicales non publiées, et sur celles qui ont été publiées, « mais dont l'auteur a expressément déclaré sur le titre et en tête de l'ouvrage qu'il en interdit l'exécution publique ».

Une disposition analogue existe dans les lois allemande (2), autrichienne (3), anglaise (4), hollandaise (5), hongroise (6), luxembourgeoise (7), norvégienne (8), russe (9).

D'après la loi suisse (art. 7) (10), l'auteur « peut faire dépendre la représentation ou exécution publique de son œuvre de *conditions spéciales* qui, le cas échéant, doivent être publiées en tête de l'œuvre.

S'agit-il d'une mention de réserve ?

Les commentateurs ne sont pas d'accord à ce sujet.

Alors que M. Reichel conclut des termes de la loi à l'*obligation* d'une mention de réserve, et n'interprète les « conditions spéciales » que dans le sens de *conditions*

(1) Convention de Berne, 9 septembre 1886 ; Lyon-Caen et Delalain, II, p. 225.

(2) Loi du 11 juin 1870, art. 50, al. 2. *Ibid.*, I, p. 71.

(3) Loi du 26 décembre 1895, art. 34. *Ibid.*, *Suppl.*, p. 34.

(4) Loi du 10 août 1882, art. 1er. *Ibid.*, I, p. 324.

(5) 28 juin 1881, art. 12. *Ibid.*, I, p. 462.

(6) 4 mai 1884, art. 51. *Ibid.*, I, p. 156.

(7) 10 mai 1898, art. 6. *Droit d'auteur*, 1898, p. 65.

(8) 4 juillet 1893, art. 2, Lyon-Caen et Delalain. *Suppl.*, p. 56.

(9) 1886, art. 47, Lyon-Caen et Delalain, I, p. 502. — V. Projet d'une nouvelle loi, art. 46 (*Droit d'auteur*, 1900, p. 5).

(10) Loi du 23 avril 1883, Lyon-Caen et Delalain, I, p. 540.

pécuniaires. M. Dunant (1) se base sur le caractère purement potestatif de cette disposition de la loi, pour déclarer que la mention de réserve *n'est pas obligatoire*, et sur la tarification légale (2) de la rémunération due à l'auteur pour estimer que les « conditions spéciales » ne peuvent être que *d'ordre artistique*. Une pareille divergence d'opinions tend à prouver que le texte manque de clarté ; M. Rüfenacht (3) établit qu'il a été et qu'il peut être interprété de cinq manières différentes.

Ce qui est certain, c'est que les tribunaux suisses ont jusqu'ici interprété ce texte (4) comme imposant l'obligation d'une mention de réserve ; et en conséquence M. Dunant lui-même recommande en vue de la vente en Suisse, de ne pas omettre cette formalité.

Etant données les raisons qui ont pu faire maintenir la formalité de la réserve — raisons qui visent le principe même du droit d'exécution — il semblerait que cette obligation dût être générale, que cette formalité dût être exigée pour toutes les œuvres susceptibles de représentation ou d'exécution : dramatiques et dramatico-musicales, aussi bien que musicales.

Or, à part les lois des Pays-Bas (28 juin 1881, art. 12), de la Suisse (23 avril 1883, art. 7), qui exigent la mention de réserve sur les œuvres dramatico-musicales, — la mention de réserve n'est exigée, partout ailleurs, que sur les œuvres *musicales*, celles qu'on est convenu d'appeler les

(1) Reichel, *Consultation*, etc. ; Dunant, n° 81.
(2) V. 1ʳᵉ partie, ch. V.
(3) V. *Droit d'auteur*, 1898, p. 138.
(4) Trib. de 1ʳᵉ instance de Zurich, 31 mai 1893 (*Droit d'auteur*, 1894, p. 113). Trib. fédéral, arrêt du 25 novembre 1893 (*Ibid.*, 1894, p. 139).

« compositions musicales », qui ne sont susceptibles que d'*exécution*, non de représentation (1).

(1) Une question d'interprétation a été soulevée.

La mention est-elle exigée sur des *fragments* d'une œuvre dramatico-musicale ? Sur les *transcriptions* et *réductions* de ces œuvres ?

On a pu considérer les *fragments* publiés à part comme autant de morceaux détachés : une œuvre dramatico-musicale ne comportant une action (série d'événements successifs) que *dans son ensemble*, et chacun des numéros considérés isolément apparaissant avec tous les caractères d'une « composition musicale » indépendante.

Au congrès de l'Association littéraire et artistique tenu à Berne en 1889, M. Souchon signala l'interprétation en ce sens donnée en Allemagne et en Angleterre par les tribunaux (*Bull. ass.*, 2e série, n° 13, p. 26 à 31). Du moment où l'œuvre dramatico-musicale est protégée, quant à la représentation, sans formalités, il devrait en être de même des *parties* de cette œuvre quant à l'exécution.

Par les *transcriptions* et *réductions* d'œuvres dramatico-musicales, on entend la *partition piano et chant* et la *partition piano seul*. Nous avons vu que l'œuvre dramatico-musicale telle qu'elle est écrite pour la représentation se présente sous la forme d'une partition où sont notées les parties de toutes les voix et de tous les instruments de l'orchestre. Ce n'est pas, évidemment, sous cette forme que peut se faire le débit de l'œuvre. Afin de rendre l'œuvre accessible au public, on édite une réduction piano et chant où la partie chantée est reproduite intégralement, mais où l'orchestre est condensé dans les deux portées du piano : la lecture en est plus facile, et les pianistes peuvent ainsi exécuter l'œuvre. Dans le but de simplifier davantage, une partition *piano seul* est souvent éditée, qui réunit toutes les voix et tous les instruments de l'orchestre.

On le voit, il s'agit de l'un des arrangements que nous avons classés (1re partie, ch. III) dans un premier groupe, qui n'altèrent en rien le texte.

La partition *piano seul ne contenant pas la partie littéraire*, on a pu lui contester la qualité d'œuvre dramatico-musicale (V. *Bull. ass.*, 2e série, n° 13, cité plus haut).

C'est faire une distinction qui n'a pas lieu d'être : il s'agit toujours de la même œuvre ; et si les œuvres dramatico-musicales publiées sont dispensées de la formalité de la réserve, encore faut-il que cela s'applique aux deux seules formes (partition piano et chant,

D'autre part, la réserve n'est jamais exigée que sur les
œuvres *publiées* : il est généralement admis que les œuvres
non publiées sont protégées sans qu'il soit besoin d'aucune
formalité (1).

partition piano seul) sous lesquelles l'œuvre est publiée le plus souvent.

(1) Que faut-il entendre par œuvres *publiées* ?

Nous n'avons en vue, bien entendu, que l'*édition* : d'après la Déclaration du 4 mai 1896, interprétant certaines dispositions de la
Convention de Berne du 9 septembre 1886 et de l'acte additionnel
signé à Paris le 4 mai 1896, al. 2 : « par œuvres publiées, il faut
entendre les œuvres *éditées* dans un des pays de l'Union. En conséquence, la représentation d'une œuvre dramatique ou dramatico-
musicale, l'exécution d'une œuvre musicale... ne constituent pas
une publication dans le sens des articles précités. »

Mais, en prenant *publiées* dans le sens d'*éditées*, une question d'interprétation se pose, qui a une grande importance en ce qui concerne
les œuvres musicales.

Ce qu'on appelle le « matériel » nécessaire à la représentation
d'une œuvre dramatico-musicale ou à l'exécution d'une œuvre musicale symphonique, se compose de partition, parties d'orchestre, etc.
Ce matériel est, pour des raisons que nous développerons dans le chapitre suivant, seulement donné en location par l'éditeur aux directeurs
de théâtre ; d'autre part, on ne peut se le procurer, en location, que
directement chez l'éditeur. Les *parties* qui le composent sont le plus
souvent autographiées ou copiées à la main ; quelquefois elles sont
imprimées. Cette impression constitue-t elle une *publication* ?

La loi autrichienne du 19 octobre 1846, dans son article 8 (Lyon-
Caen et Delalain, 1, p. 128), ne garantissait le droit d'exécution que
« tant que l'œuvre n'a pas été publiée par la voie de l'impression ou
de la gravure », et disposait ensuite : « Il n'y a pas publication dans ce
dernier sens, lorsque l'auteur édite quelques exemplaires pour remplacer le manuscrit. » Ces exemplaires portaient la mention : « *Als
Manuscript gedruckte Exemplare* », imprimée comme manuscrit.
L'impression n'intervenait que comme moyen plus facile de reproduction. La question de savoir si le matériel *imprimé* doit être considéré comme *publié* s'est posée devant le Tribunal fédéral suisse, le
25 novembre 1893, à propos de l'opéra *Aïda* de Verdi : « Ce qui
tranche la question, c'est de savoir si l'œuvre *reste entre les mains*

*
* *

Dans les pays où l'exercice du droit d'exécution est subordonné à l'accomplissement de la formalité de réserve, on trouvera sur le marché musical deux sortes d'œuvres : — les unes pourvues de la mention de réserve — les autres, importées des pays où cette formalité n'est pas exigée, ne portant aucune mention.

Pour l'acheteur, la mention signifiera : Voici une œuvre qui ne peut être exécutée qu'avec le consentement de l'auteur, et moyennant paiement.

Et l'absence de mention : Voici une œuvre qui peut être exécutée librement, sans que personne puisse s'opposer à l'exécution ni en réclamer un prix quelconque.

S'il n'a pas de préférence particulière, l'acheteur, dans ces conditions, prendra l'œuvre sur laquelle il ne lira aucune mention de ce genre.

Parmi les éditeurs, les uns, qui n'auront pas inscrit la mention de réserve sur les œuvres qu'ils mettent en vente, seront favorisés — les autres se trouveront dans une situation désavantageuse. Le moyen, pour ces derniers, de pouvoir soutenir la concurrence, est de supprimer toute mention.

Mais, la mention omise, c'est le sacrifice du droit d'exécution. Or dans l'exercice du droit d'exécution est, comme nous l'avons vu, la véritable rémunération de l'auteur.

---

d'un propriétaire exclusif, lequel est seul à en faciliter la possession légitime à d'autres, ou si elle a été mise à la disposition du public de sorte que tout le monde peut l'acquérir librement » (*Droit d'auteur*, 1894, p.141).

Que, dans le but d'une vente plus facile, l'éditeur omette la réserve, les profits de l'œuvre seront, dans les pays où cette formalité est exigée, perdus pour l'auteur.

Si bien qu'on aboutit à ce dilemme :
Que l'œuvre porte la mention — l'auteur conservera intact son droit d'exécution, mais l'éditeur vendra moins;
Que l'œuvre ne porte pas la mention — la vente, pour l'éditeur, ne sera plus gênée, mais l'auteur sera dépouillé des profits qu'il est en droit d'attendre de l'exploitation de son œuvre.
De là, entre l'éditeur titulaire du droit de reproduction et l'auteur titulaire du droit d'exécution d'une même œuvre, un antagonisme d'intérêts préjudiciable à tous deux.

À tous deux — parce que l'auteur, fournissant son travail, l'éditeur ses connaissances du commerce et ses capitaux, devraient apparaître comme deux collaborateurs, mettant en commun leurs efforts ; en fait — à l'auteur surtout, à l'auteur que seul les lois entendaient protéger.
Car, nous l'avons vu, l'auteur n'est, le plus souvent, pas en mesure d'imposer à l'éditeur ses conditions. Il le peut d'autant moins maintenant que le commerce de la musique suit l'évolution centralisatrice du commerce et de l'industrie : disparition du petit commerce, augmentation sans cesse croissante de quelques maisons qui jouissent d'un monopole de fait. Si donc l'éditeur omet volontairement d'imprimer la mention de réserve, l'auteur se soumettra forcément, dans la crainte de perdre un puissant protecteur.

*
* *

Certaines dispositions législatives ont été édictées dans le but de parer à ces inconvénients, de remédier à une situation aussi désastreuse pour l'auteur.

Le système consacré par la loi *anglaise* (1), dans le but d'empêcher l'exploitation abusive par l'éditeur de la situation de l'auteur, consiste à armer celui-ci, pour le cas où l'éditeur se refuserait à imprimer sur les exemplaires de ses œuvres la mention de réserve : l'éditeur, qui après en avoir été requis par l'auteur se refuse à imprimer la mention, est passible de dommages-intérêts au profit de l'auteur.

Cette disposition présente le plus grave des inconvénients. Ce n'est pas au moment où, les intérêts de l'auteur et ceux de l'éditeur étant en opposition, des difficultés peuvent surgir entre eux, qu'une mesure rigoureuse et vexatoire viendrait de façon opportune.

Aussi, comprenant ses intérêts mieux que ne l'a fait le législateur, de cette arme mise à sa disposition contre l'éditeur, l'auteur se garde d'user. Et l'entente se fait, sur des bases toutes particulières, résultant de la situation spéciale de l'Angleterre au point de vue de l'exploitation des œuvres musicales.

(1) Loi du 10 août 1882, art. 3 (Lyon-Caen et Delalain, I, p. 324). « Le titulaire du droit de publication qui, après avoir reçu la réquisition spécifiée en l'article précédent (à l'effet d'imprimer la mention) négligera d'imprimer ou de faire imprimer, de façon lisible et apparente, sur tous les exemplaires publiés par lui, par ses soins ou sous sa responsabilité, un avis ou memorandum portant que le droit de représentation publique est réservé, sera condamné, par la Cour compétente, à une amende de 20 livres au profit du titulaire du droit de représentation ou d'exécution. »

Cette situation spéciale se présente ainsi :

D'une part, par suite du manque d'entente entre les auteurs, de l'absence d'organisation de sociétés d'auteurs, les « managers » anglais, entrepreneurs de spectacles et concerts, ont conservé leurs anciennes habitudes de représenter et d'exécuter les œuvres sans solliciter aucune autorisation ni payer aucune redevance. Le droit d'exécution de l'auteur est donc illusoire ; l'exercice n'en est pas possible.

L'auteur ne fera donc pas grand sacrifice en l'abandonnant, et, s'il trouve de par ailleurs une rémunération, il y sera facilement disposé.

D'autre part, le commerce de la musique atteint dans ce pays des proportions extraordinaires. Nulle part comme en Angleterre, on n'achète de suite ce qui plaît ; et le « morceau à succès » est d'une vente dont on ne se fait pas une idée : cela n'a rien de comparable au débit des œuvres musicales, partout ailleurs. Les frais de l'éditeur sont donc rapidement couverts, et des bénéfices énormes sont à réaliser. Du moment où la vente, exercice du droit de reproduction, est à ce point rémunératrice, l'éditeur s'entendra volontiers avec l'auteur, qui fera le sacrifice de son droit d'exécution pour ne pas gêner par une mention de réserve — formulée comme une interdiction et laissant au public des doutes sur la libre jouissance de l'œuvre qu'il achète — le débit des exemplaires ; en retour, l'éditeur partagera avec lui les bénéfices qu'il tire du droit de reproduction.

Ce système d'exploitation d'une œuvre est le même qui est partout pratiqué pour les œuvres littéraires non dramatiques. C'est le partage du prix de vente, dans des proportions déterminées, en général un tant pour

cent sur la vente : ce qu'on appelle en Angleterre la
royaltie.

L'application de ce système,— sans parler des difficultés
possibles entre auteur et éditeur au sujet d'un tel contrat
d'édition, constatations du nombre d'exemplaires vendus
etc. ; difficultés qui se présentent journellement pour
l'édition des œuvres littéraires, alors qu'en général le
droit de reproduction des œuvres musicales est acheté à
forfait par l'éditeur,— l'application de ce système donne-t-
elle tous les bons résultats que l'on peut supposer ?

Comme nous le verrons bientôt, les mêmes inconvénients s'y retrouvent, qui résultent de la lutte d'intérêts
entre l'éditeur puissant et l'auteur trop faible, obligé de
subir les conditions qu'on lui impose (1).

⁎

⁎ La loi italienne de 1882 (2) consacre un système spécial,
préventif : la réserve n'est pas faite sur l'exemplaire, mais
dans une déclaration adressée à la préfecture.

C'est une formalité d'enregistrement. Dans sa déclaration où il mentionne l'œuvre, l'année de la publication,
etc., l'auteur exprime *sa volonté de se réserver les droits
qui lui appartiennent.*

Le public n'est pas prévenu : c'est à ceux qui veulent
exécuter de se munir de l'autorisation de l'auteur, qui
leur est aisément donnée d'ailleurs par les représentants
de la Société des auteurs italienne, et de la présenter au

(1) Au sujet de la situation actuelle en Angleterre, V. plus loin
ch. IV.
(2) Art. 21, Lyon-Caen et Delalain, I, p. 389.

préfet, qui, seulement au vu de cette pièce, autorisera la représentation ou l'exécution.

Si, par ailleurs, ce système présente des avantages et a pu amener de bons résultats, ce n'est pas au point de vue qui nous occupe de la solution au profit de l'auteur du conflit d'intérêts que fait naître entre lui et son éditeur l'obligation de la mention de réserve. Soumettre l'exercice d'un droit à une multitude de formalités, c'est l'empêcher — surtout quand ce droit appartient à des artistes, en général trop peu soucieux de leurs intérêts. Aussi les auteurs se sont-ils accoutumés à vendre leurs œuvres sans restriction aucune, cédant aux éditeurs droit d'exécution comme droit de reproduction — contre un prix net, à forfait. Ce prix sera naturellement plus élevé — mais si l'on songe aux profits considérables que peut rapporter une œuvre dramatico-musicale en vogue — et à quoi tient le succès d'une pièce de théâtre, qui peut le prévoir ! — on voit que l'auteur risque de perdre à jamais une source de bénéfices considérables.

On voit combien ces palliatifs sont insuffisants. Il n'y a qu'un seul remède possible à une situation aussi désastreuse pour les auteurs : c'est la suppression de la mention de réserve.

On a pu espérer un moment que cette suppression allait être réalisée lors de la Conférence de Paris, en 1896. Demandée par la France, acceptée par la plupart des délégations des États contractants, elle échoua par l'opposition des délégués allemands.

Par suite du défaut d'entente, la suppression ne put être décidée.

Mais un vœu fut émis (1).

« III. Il est désirable :

« **Que les législations des pays de l'Union fixent les limites dans lesquelles la prochaine Conférence pourrait adopter le principe que les œuvres musicales publiées doivent être protégées contre l'exécution non autorisée, sans que l'auteur soit astreint à la mention de réserve.** »

Les délégués allemands, qui ne firent aucune opposition à l'adoption de ce vœu, n'étaient pas en principe hostiles à la suppression de la mention. Seulement, ils demandaient, auparavant, un délai qui permît de modifier la loi nationale, comme le montre le passage suivant de M. Renault : « On ne contestait pas qu'il y eût là un progrès à réaliser, mais ce progrès semblait dépendre d'un travail préliminaire à faire par les législateurs nationaux, parce qu'il y a lieu de tenir compte des habitudes spéciales à certains pays. C'est à eux de concilier les droits des auteurs et ceux du public. Quand ce travail sera fait, il sera possible de dispenser les auteurs de la formalité qui leur est actuellement imposée (2). »

Le projet de la nouvelle loi allemande supprime l'obligation de la mention de réserve (3).

Dans ces conditions, tout permet d'espérer qu'après la prochaine révision, cette suppression dans la Convention de Berne sera un fait acquis.

(1) Vœux émis par la Conférence de Paris, dans sa séance du 1er mai 1896, III, V. *Bull. ass.*, 3e série, n° 5, p. 7.

(2) *Droit d'auteur*, 1898, p. 72. Ce travail préliminaire était l'élaboration d'une nouvelle loi qui, d'après les délégués, devait réglementer l'exercice du droit d'exécution de façon à permettre l'exécution libre à toute une catégorie de sociétés qui en avaient joui jusqu'alors, « et qu'on ne pourrait en priver sans soulever l'opinion publique en Allemagne ».

(3) V. plus loin, ch. III et IV.

III

De l'emploi de matériel illicite.
Emploi de matériel contrefait.
Emploi de matériel acheté ou loué ailleurs que chez l'éditeur.

L'étude de cette question nous montrera quel puissant intérêt les éditeurs peuvent avoir à exercer eux-mêmes le droit d'exécution qui appartient à l'auteur. Nous y trouverons une des causes les plus importantes du conflit qui divise auteurs et éditeurs.

Il semble d'abord que le droit de reproduction s'entende uniquement de ce qui a trait au débit des exemplaires — et celui d'exécution, de ce qui se rapporte à l'exécution publique ; que la violation du premier consiste dans la contrefaçon matérielle, reproduction sans autorisation et débit d'exemplaire ainsi contrefaits ; et la violation du second, dans l'exécution illicite, exécution publique sans le consentement de l'auteur.

Mais que, simplement, l'exécution ait lieu au moyen d'exemplaires contrefaits, sans idée de vendre ou de louer ces exemplaires, d'en tirer, directement, aucun profit : l'emploi de contrefaçons n'influe-t-il pas sur le caractère de l'exécution, et l'exécution même ne peut-elle devenir illicite, de ce chef ?

Cette question a été fréquemment soulevée. Car, en raison des frais d'édition de la musique, la reproduction manuscrite est un mode, pour primitif qu'il soit, encore très usité.

Nous n'avons en vue, ici — du moins la question n'a d'intérêt qu'ainsi restreinte — que la musique symphonique. Ce n'est qu'à la réunion d'exemplaires nécessaires à une exécution d'ensemble, que s'applique l'expression courante de « matériel ».

Le matériel se compose de *parties séparées*, destinées à chaque chanteur ou à chaque instrumentiste, et d'une *partition* ou conducteur, destinée au chef d'orchestre. La composition en diffère suivant qu'il s'agit d'un orchestre symphonique (1), d'une harmonie, d'une fanfare (2) ou de chœurs (3).

(1) S'il s'agit d'un morceau d'*orchestre* dont l'exécution est compliquée et difficile, où l'exécution individuelle a une importance réelle, il est nécessaire que le chef ait toutes les parties sous les yeux, pour pouvoir surveiller l'exécution dans tous ses détails : le *conducteur* réunit toutes les parties distinctes, représentant un véritable volume pour un morceau de courte durée, où chaque page, comprenant jusqu'à vingt-cinq et trente *portées*, ne représente en réalité qu'une seule *ligne* de musique.

Quant aux *parties séparées*, on distingue, dans l'orchestre symphonique de composition normale, le *quatuor*, qui comprend les instruments à cordes mises en vibration par l'archet ; l'*harmonie*, qui comprend les instruments à vent, la *batterie* et les *instruments à cordes pincées ou percutées*, d'une part timbales, tambour, grosse caisse, triangle, etc., de l'autre, harpe ou instruments similaires.

Certains de ces instruments ont une puissance de sonorité suffisante, de sorte qu'un seul est nécessaire pour chaque partie ; c'est le cas des instruments d'harmonie en général. L'orchestre ordinaire comprend sous ce rapport : groupe des *instruments de bois*, deux flûtes, ayant chacune une partie spéciale, deux hautbois, deux clarinettes et deux bassons, de même ; groupe des *instruments de cuivre*, quatre cors ayant chacun une partie spéciale, et comme *cuivres éclatants*, deux trompettes ou cornets à pistons, et trois trombones, de même.

D'autres instruments n'ont pas, à eux seuls, une puissance de

Le *matériel* est considérable : on conçoit que la gravure
en soit onéreuse, en raison du prix élevé de l'impression

sonorité suffisante, et la partie qui est écrite pour eux doit être
jouée par plusieurs. C'est le cas des instruments à cordes. Pour
arriver à l'équilibre des forces instrumentales, il faut multiplier le
nombre des exécutants d'une même partie. Deux parties distinctes
— premiers et seconds — sont écrites pour les *violons* : chacune
sera jouée, suivant les ressources dont on dispose, par une dizaine
ou plus d'instrumentistes ; une seule partie d'*altos* par quatre ou
cinq, ou davantage, de même une seule de *violoncelles*, de même
une seule de *contrebasses*.

Il s'en suivra, au point de vue du matériel, qu'un exemplaire
distinct sera nécessaire pour chacun des instrumentistes jouant
seuls leur partie, et plusieurs exemplaires, autant que de pupitres,
c'est-à-dire un pour deux exécutants, au moins — pour chacun des
instruments dont la partie est jouée par plusieurs exécutants. De
là, pour les instruments de bois et de cuivre et pour la batterie, les
instruments d'harmonie en un mot, autant d'exemplaires différents
que d'instruments ; et pour le quatuor, autant d'exemplaires semblables que de pupitres d'instruments semblables. Certaines parties
n'auront à exister qu'en un seul exemplaire ; d'autres en plusieurs,
nombre variant suivant les ressources de chaque orchestre, le
nombre d'exécutants.

(2) A côté de l'orchestre symphonique, les groupes appelés
harmonies suivant qu'ils se composent d'instruments de bois et de
cuivre, et *fanfares*, de cuivre seulement, constituent les orchestres
de plein air que sont la plupart des sociétés musicales populaires,
et les bandes militaires. Ici, plus d'instruments à cordes : c'est le
caractère commun. Mais les exigences d'acoustique n'étant plus les
mêmes, non plus que la qualité, la valeur artistique de l'exécution,
et la puissance sonore étant plutôt recherchée que l'équilibre entre
les sonorités, les parties distinctes sont jouées par un nombre
d'instruments croissant avec l'importance de la société, plutôt que
selon des exigences purement musicales. Certains instruments se
trouveront seuls de leur espèce ; d'autres parties seront jouées par
plusieurs exécutants. Ici, comme il s'agit d'exécution en plein air,
il faudra autant de *parties* que d'instrumentistes, plus de pupitres à
deux, mais chacun portant un exemplaire sur son instrument.

Le conducteur, en raison de la moindre importance artistique et

de la musique, et fort peu rémunératrice, en raison du peu de débit possible.

Aussi, s'il s'agit d'œuvres théâtrales ou d'œuvres importantes de concert, l'éditeur ne risque les frais considérables d'impression de la partition et des parties séparées qu'au cas où le succès de l'œuvre lui assure un débit suffisant, comme vente ou comme location. Si l'œuvre n'a qu'un succès médiocre, la partition piano et chant, qui s'adresse au public tout entier et non plus seulement aux entrepreneurs de spectacles ou concerts, dont le débit est conséquemment assuré, sera seule éditée, et le matériel, partition et parties séparées, sera *copié à la main*, s'il ne doit être loué que quelquefois, *autographié*, si l'on espère des représentations plus nombreuses.

S'il s'agit d'œuvres du répertoire courant des sociétés musicales, dont le débit est plus facile en raison du grand nombre de ces sociétés en regard du nombre très restreint

du moindre soin nécessaire dans l'exécution de détail, se réduira à une simple partition écrite soit sur deux portées, pouvant être jouée au piano et ne nécessitant pas une édition à part, — soit sur trois ou quatre.

(3) Les orphéons, chorales — musique exclusivement vocale — comprennent, s'il s'agit de chœurs *à voix égales* (voix d'hommes ou voix de femmes séparément) jusqu'à quatre portées, suivant l'étendue des voix, du ténor à la basse ou du soprano au contralto ; s'il s'agit de chœurs *mixtes*, quatre parties en général, deux de voix de femmes et deux de voix d'hommes. Chaque partie chantée, à part les soli, par plusieurs exécutants, donc autant d'exemplaires de chacune que d'exécutants. Le conducteur comprend toutes les parties, qui en général ne dépassent pas quatre.

S'il s'agit d'une œuvre théâtrale, d'une œuvre nécessitant des solistes, un orchestre et des chœurs, le matériel sera celui qui est nécessaire pour un orchestre, pour des chœurs, plus des partitions piano et chant pour les études.

des théâtres lyriques et des grandes entreprises de concerts, le matériel sera *complètement imprimé* (1).

Mais le prix de ce matériel est assez élevé : la musique, en général, est chère. Et les ressources des sociétés populaires ne sont pas considérables. Puis, un prix est établi pour un nombre déterminé de parties : que les exécutants se trouvent être plus nombreux, les *parties supplémentaires* devront être achetées isolément, à un prix un peu plus élevé que les premières. Or, souvent il n'en est besoin que de quelques-unes de plus : deux ou trois... la partie spéciale à l'instrument est courte, quelques lignes... si bien que, devant l'éventualité d'une dépense si facile à éviter, on copie à la main les parties supplémentaires nécessaires à l'exécution, sans aucun autre but, d'ailleurs, que l'usage personnel par la société ; quelquefois même, si, par exemple, la société est renforcée pour une circonstance particulière par l'adjonction de membres nouveaux, cet usage sera borné à une seule exécution.

Cet usage d'exemplaires ainsi reproduits illicitement est-il punissable ? Et à quel titre ?

**

Copier un morceau de musique pour *un usage personnel*, sans intention de le répandre et d'en tirer profit par vente ou location, n'est pas se rendre coupable de contrefaçon. C'est un droit qui appartient à chacun.

---

(1) D'autant plus que ces morceaux, en forme de marches ou de danses, ou de fantaisies souvent de même coupe, comportent des reprises nombreuses, de telle sorte que l'importance — la dimension, si je puis dire — du morceau *imprimé* n'est pas en rapport avec l'importance du morceau *exécuté* ; moins long, moins de gravure et moins de frais.

Mais ici il s'agit d'une exécution *publique*.

Le fait consiste dans la *reproduction d'exemplaires imprimés*. Si un droit quelconque est lésé, ce ne peut être, semble-t-il, que celui de *reproduction*, qui appartient à l'éditeur.

Or, y a-t-il dans ce fait une contrefaçon ?

Admettons d'abord que la copie *à la main* peut constituer une contrefaçon. Les termes « imprimés ou gravés » de l'article 425 du Code pénal ne sont qu'énonciatifs, dit un jugement du tribunal correctionnel de Reims du 11 juin 1890 (1) ; « le législateur n'ayant pas voulu faire de l'impression ou de la gravure, la condition *sine qua non* de sa disposition, à l'exclusion de tout autre procédé produisant les mêmes effets et portant aux éditeurs le même préjudice ».

Puis, qu'il est indifférent que l'œuvre soit reproduite *en totalité ou en partie* (2).

En l'absence de texte formel, il n'est pas nécessaire que la reproduction soit totale pour que le délit de contrefaçon existe.

Ensuite, qu'il suffise de la confection non autorisée *d'une seule* copie. Dans la plupart des législations il n'y a pas lieu de faire cette distinction ; mais la loi allemande ne considère une copie comme reproduction (*vervielfæctigung*) que s'il s'agit d'une pluralité d'exemplaires. Or, d'après un jugement du tribunal de Leipzig (3), partout

---

(1) *Le Droit*, 14 juin 1890.

(2) Cela, parce qu'un jugement du tribunal de Leipzig (V. *Droit d'auteur*, 1890, p. 50) avait incliné cette question, paraissant d'ailleurs voir dans chaque partie d'orchestre une reproduction de la partition dans son entier.

(3) V. *Droit d'auteur*, 1890, p. 50.

où la loi parle de reproduction mécanique, elle entend *mode de reproduction par lequel un travail préliminaire suffit au tirage d'un grand nombre d'exemplaires* ; en conséquence, pluralité d'exemplaires (1). Quoi qu'il en soit, dans les autres législations il n'existe pas de texte spécial, et il résulte du principe général du droit exclusif de reproduction qu'une copie suffit pour constituer une contrefaçon.

Mais un autre élément est nécessaire ; il faut une *édition*, un *débit* des ouvrages contrefaits. « Ces copies, d'après un jugement du tribunal de Montpellier du 16 mars 1890(2), faites pour les besoins d'un seul et même théâtre, ne sauraient constituer une contrefaçon : il n'y a pas là l'*édition* d'écrits de l'article 425 du Code pénal. » Et d'après un arrêt de cassation du 25 janvier 1893, rejetant un pourvoi dirigé contre un arrêt de la Cour de Montpellier du 30 décembre 1890, confirmatif de ce jugement, le délit de contrefaçon ne peut exister que lorsqu'il y a *édition*, c'est-à-dire *vente ou distribution en public* de copies exécutées pour le compte de certains directeurs de théâtre sans l'autorisation de l'auteur ou de son cessionnaire.

Ce point de vue est généralement admis (3).

Un jugement du tribunal fédéral suisse du 13 mai

---

(1) De ce principe, un premier arrêt, d'ailleurs réformé en appel, de la même affaire qui se déroula devant plusieurs juridictions, en arrivait à ne considérer comme contrefaçon, tout le matériel ayant été copié, que les parties du quatuor copiées plusieurs fois, en plusieurs exemplaires, à la différence des parties copiées une seule fois pour les instruments d'harmonie.

(2) *Droit d'auteur*, 1891, p. 8.

(3) Paris, 25 janvier 1878 (Sirey, 1878.2.106) ; Angers, 13 juin 1878 (Sirey, 1878.2.198). V. Dalloz, *Rép. gén de jurisprudence*, V° *Propriété littéraire et artistique*, n° 363. V. Huard et Mack, n° 494.

1893 (1) fait une curieuse assimilation à une *diffusion*, de l'usage de parties contrefaites, lorsque l'exécution est publique. « Si cet usage, lorsqu'il a lieu dans des représentations privées ou à titre gratuit, ne porte pas ce caractère il en est tout autrement lorsque les ouvrages répandus sont utilisés, et par conséquent *répandus, dans des représentations* accessibles au grand public, et organisées dans un but de lucre industriel... » Un arrêt de la Cour d'appel et de cassation du canton de Berne du 18 avril 1896 (2) repousse cette assimilation hasardée : « par diffusion il faut entendre celle *du matériel comme tel*, et cette notion ne pourrait guère s'appliquer à l'exécution.

Cependant, ce fait constitue évidemment une atteinte au droit de l'auteur. Mais auquel des deux droits de l'auteur sur une œuvre ? Cela est important, car s'il s'agit d'une atteinte au droit de reproduction, ce ne peut être qu'une contrefaçon et cela regarde l'éditeur, cessionnaire du droit de reproduction ; au droit d'exécution, il s'agit d'exécution illicite, et cela regarde l'auteur, qui reste titulaire de son droit d'exécution.

On peut critiquer le système, suivi par la jurisprudence et les auteurs, en considérant quand même ce fait comme une atteinte au droit de reproduction. « Il semble difficilement admissible, dit M. Darras (3), qu'une autorisation donnée par l'un (l'auteur titulaire du droit d'exécution) puisse au détriment de l'autre (l'éditeur) changer la nature des faits incriminés. » Avec M. Pouillet (4), M. Darras ne saurait voir un *usage personnel* dans un emploi qui

(1) *Droit d'auteur*, 1893, p. 98.
(2) *Ibid.*, 1877, p. 32.
(3) *Droit d'auteur*, 1891, p. 8.
(4) Pouillet, n° 558.

a directement pour but l'exploitation du théâtre, c'est-à-dire une exploitation évidemment commerciale. Est-ce à dire qu'il faudrait conclure à une édition dans le sens de l'article 425 du Code pénal? M. Darras, se trouvant seul de cet avis, n'ose pas aller jusque-là ; mais, dit-il, en tous cas le titulaire du droit de reproduction peut agir en vertu du principe général de l'article 1382 du Code civil : Tout fait quelconque de l'homme, qui cause à autrui un dommage, oblige celui par la faute duquel il est arrivé à le réparer. »

Cette solution aurait au moins l'avantage de ne pas exiger, pour l'existence du délit, une *exploitation commerciale*, une spéculation.

Car le dommage existe aussi bien s'il s'agit d'une exécution sans but de lucre, pourvu que cette exécution soit publique.

Au lieu de voir dans ce fait une contrefaçon, violation du droit de reproduction, on a pu le considérer comme une violation du droit d'exécution, une exécution illicite. Après avoir distingué de façon très logique entre le *fait de copier* dans le but d'utiliser la copie à une exécution publique, violation du droit de l'éditeur, et l'*exécution publique à l'aide de parties contrefaites*, l'arrêt cité plus haut de la Cour d'appel et de cassation du canton de Berne du 18 avril 1896, considère que *l'exécution devient illicite* lorsqu'elle a lieu avec des partitions contrefaites, et constitue par ce fait une violation du droit d'auteur. »... Il n'y a pas que le refus de payer ou d'assurer le paiement de tantièmes qui constitue une violation du droit d'exécution : l'auteur, au contraire, a le droit d'exiger que l'exécution ait lieu avec du matériel licite et sous une forme licite, et ce droit doit aussi être protégé. »

M. Dunant (1) déclare qu'il « préfère infiniment ce point de vue », à celui de l'autre arrêt de la jurisprudence suisse considérant ce fait comme une contrefaçon parce que diffusion par l'exécution. Mais si cette assimilation à la diffusion par le débit d'exemplaires, d'une prétendue diffusion *par l'exécution*, est critiquable, la conclusion — violation du droit de reproduction — est juste.

Cela est très important.

Il s'agit d'un exemplaire contrefait, matériellement contrefait, d'une reproduction de caractères musicaux : en quoi cela peut-il constituer une atteinte au droit d'exécution ? Si on en arrive à cette conclusion, d'*exécution illicite* parce que emploi de matériel contrefait, ce sera à *l'auteur titulaire du droit d'exécution* d'agir : or il n'est pas lésé.

C'est l'éditeur, cessionnaire du droit de reproduction, qui est lésé : c'est à lui qu'il revient de se plaindre (2).

(1) Dunant, *Rapport à la Société suisse des juristes*, p. 128.

(2) L'exécution avec matériel illicite se complique souvent d'exécution d'arrangements faits sans l'autorisation de l'auteur. Il s'agit là, en général, d'instrumentation arrangée ou réduite par les directeurs de sociétés afin de pouvoir exécuter un morceau avec les ressources différentes, ou moindres, dont ils disposent. Manquant de certains instruments, ils donnent les parties de ces instruments à d'autres, ce qui oblige le plus souvent à une transposition, d'où copie manuscrite ; ou bien ils réunissent la partie de l'instrument manquant à une autre, ce qui nécessite encore la confection d'une partie nouvelle contenant les deux ; et les instrumentistes se trouvent exécuter de la *musique contrefaite* à l'aide d'un *matériel contrefait*.

La question de l'arrangement sans autorisation a été traitée à part (1re partie, ch. III), nous n'avons pas à y revenir : nous le faisons pour en signaler une conséquence : emploi de matériel contre-

Les éditeurs se préoccupent vivement de cette question ; indépendamment de poursuites individuelles, les syndicats d'éditeurs ont eu à faire parvenir des avertissements aux musiques militaires et aux sociétés d'amateurs, les engageant à s'abstenir de ce procédé de contrefaçon (1).

On conçoit déjà quel intérêt les éditeurs peuvent avoir à exercer un droit sur l'exécution.

Ils ont à cela un autre intérêt, bien autrement important.

L'expression « matériel illicite » ne signifie pas seulement « matériel contrefait ». Les éditeurs, non contents de chercher à interdire l'emploi de matériel contrefait, sont allés, depuis longtemps déjà, beaucoup plus loin dans leurs revendications.

La musique, surtout le matériel d'orchestre, revient fort cher d'impression à l'éditeur. Pour que la vente en

fait.

Cette pratique est très fréquente, en raison des ressources très variables des sociétés musicales populaires. « Il y a des fanfares, fait remarquer M. Reichel (*Droit d'auteur*, 1893, p. 34) qui obligent par contrat leurs directeurs à leur livrer chaque année un certain nombre de transcriptions semblables. »

On va même plus loin et au lieu de simples modifications à l'orchestration, il s'agit souvent d'une orchestration nouvelle, ou même de fantaisies entières sur des opéras.

Aussi dans la pratique ces deux questions, exécution d'arrangements illicites et emploi de matériel contrefait, sont-elles généralement liées.

(1) Société des marchands de musique allemands, Leipzig, 18 mai 1897, *Droit d'auteur*, 1897, p. 78.

fût suffisamment rémunératrice, il faudrait être assuré d'un débit assez considérable ; or, en raison des frais d'achat un peu lourds pour la plupart des sociétés d'amateurs, l'usage s'est vite établi de louer ou d'emprunter à d'autres sociétés, le matériel que des sociétés possédaient; ou d'acheter d'occasion, ailleurs que chez l'éditeur. De là, un préjudice considérable causé à celui-ci.

En ce qui concerne les *œuvres théâtrales*, les éditeurs ont, dès le début, vendu volontiers le matériel : c'est ainsi que des municipalités ont acheté pour la bibliothèque de leur théâtre de nombreuses partitions. Puis, les éditeurs ainsi privés d'une source de bénéfices se décidèrent à ne plus vendre, mais à *louer* seulement le matériel pour un temps donné, en général une saison théâtrale. Si bien que maintenant les matériels d'opéra ne sont pas à proprement parler dans le commerce : c'est l'éditeur qui les loue, pour un prix à débattre avec le directeur et qui varie suivant l'importance de la ville, le nombre possible de représentations, et d'autres éléments tels que la nouveauté de la pièce, et même le nombre de pièces prises par le directeur chez l'éditeur. Le contrat spécifie nettement les obligations du directeur : il ne peut *livrer à un tiers, ni prêter, ni reproduire par un moyen quelconque la partition ou les parties* (1).

Même au cas de vente, le contrat interdit à l'acheteur de céder à son tour, louer, prêter ou reproduire.

C'est là pour les éditeurs un véritable monopole qu'ils se créent. Pour toutes les œuvres nouvelles au moins, les directeurs sont obligés de subir, chaque année, leurs con-

(1) V. Trib. fédéral suisse, 25 novembre 1893, *Droit d'auteur*, 1894, p. 39.

ditions. Si bien que les éditeurs regrettent d'avoir pu céder autrefois certaines partitions d'œuvres qui sont restées
au répertoire, et qu'ils essaient de racheter les matériels
ainsi vendus par eux (1).

Mais si les éditeurs d'*œuvres théâtrales* ont pu se créer
ainsi — en raison du nombre restreint des entreprises théâtrales lyriques, et des conditions spéciales de gérance des
théâtres, municipaux pour la plupart, par un directeur
nommé temporairement qui a tout avantage à pouvoir
louer et qui n'achèterait pas ; — s'ils ont pu se créer ainsi
une situation privilégiée et acquérir par un contrat *forcé*
(car le public exige que les œuvres soient nouvelles, et le
répertoire doit être pour le succès de l'entreprise constam-
ment renouvelé) — un droit de surveillance étroite sur
l'exécution, il n'en est pas de même des éditeurs d'*œuvres de concert*.

Leur situation est en effet toute différente. D'abord, alors
que le nombre des grandes *œuvres lyriques* à succès de chaque saison est très restreint, le nombre des *œuvres* à succès de *musique légère* est infiniment plus considérable :
de là, un choix possible pour l'acheteur, et une concurrence possible des autres éditeurs, d'autant que les éditeurs d'œuvres légères sont très nombreux, à la différence
des éditeurs d'œuvres dramatico-musicales dont le nombre, à raison des frais énormes d'édition et des risques, est
très restreint. Puis, ces œuvres étant infiniment moins
importantes, se réduisant à des morceaux détachés dont
chaque partie d'orchestre représente une ou deux pages,

(1) V. *Droit d'auteur*, 1891, p. 142, Trib. de commerce de Genève, plusieurs procès intentés ainsi à la Ville de Genève, propriétaire de partitions d'opéra achetées chez l'éditeur.

le prix en est abordable, et les sociétés qui peuvent les acheter préfèrent se former une bibliothèque ; de même, les entreprises de cafés-concerts, et de casinos de villes d'eaux.

Il ne peut pas être ici question de contrat imposé : cela suppose un véritable monopole de fait, qui ne peut exister pour l'édition d'œuvres de ce genre. Ne pouvant imposer un droit de surveillance sur l'exécution, les éditeurs ont donc ici tout à craindre de la contrefaçon par copie manuscrite et du prêt de matériel.

. .

Il y a un abîme entre l'usage illicite de matériel contrefait, et le prêt ou l'emprunt légitime de matériel dûment acheté chez l'éditeur et devenu la propriété absolue du prêteur ; et cependant les revendications des éditeurs, en raison du préjudice à eux causé par un prêt qu'ils ne pouvaient empêcher comme par un usage de contrefaçon qu'ils ne savaient comment atteindre, en sont arrivées à ce point, que l'expression « matériel illicite » a pu prendre le sens de « matériel acheté ou emprunté à d'autres (même légitimes propriétaires) qu'à l'éditeur ».

La Société allemande des auteurs a été organisée sous l'empire de ces idées.

En 1892, alors que la Société de la bourse des libraires allemands élaborait un projet de contrat d'édition, les éditeurs de musique en élaborèrent un de leur côté (1), dont le paragraphe 2 attribuait à l'éditeur le droit d'*autoriser la représentation publique*.

(1) *Droit d'auteur*, 1892, p. 100.

Ce qui leur eût permis d'*imposer comme condition à la représentation l'usage de matériel* directement acquis par voie d'achat.

Mais les éditeurs trouvèrent un terrain d'entente avec les sociétés musicales, leur permettant de joindre leurs revendications aux revendications de celles-ci. Nous avons vu combien la notion d'un droit sur l'exécution s'impose peu à l'esprit des entrepreneurs de spectacles et concerts que sont les directeurs de sociétés d'agrément. On ne saurait croire combien le paiement de tantièmes leur coûte, leur semble arbitrairement et injustement imposé. Partout s'élèvent des plaintes contre les sociétés d'auteurs, qui ne perçoivent pourtant que des droits bien minimes, et établis avec une grande modération. Par contre, l'achat de la musique, le paiement d'un exemplaire leur paraît naturellement, parfaitement légitime. Des exigences de ce chef, même excessives et arbitraires, ne leur paraissent pas aussi profondément injustes que l'obligation de payer le droit d'exécuter.

Aussi les éditeurs allemands eurent-ils l'idée, sous couleur de protéger la vie musicale allemande et les sociétés populaires, de supprimer la perception de tantièmes, et de rendre l'exécution libre *à la condition de l'emploi de matériel « licite »*. On trouve cette idée très nettement exposée dans une pétition (1) datée d'octobre 1895 adressée au président de la Société des marchands de musique allemands par un certain nombre de marchands suisses et alsaciens-lorrains.

(1) *Droit d'auteur*, 1896, p. 13. Il est à remarquer que déjà cette pétition entendait mettre à part la représentation scénique, et que cette proposition de réglementation nouvelle ne visait que le droit d'*exécution*.

Cette pétition fut discutée par la Société des marchands
de musique allemands dans l'assemblée du 5 mai 1896, à
Leipzig (1) ; un ordre du jour fut adopté à l'unanimité,
qui reproduisait la rédaction défendue précédemment,
sans succès d'ailleurs, par le président M. von Hase au
Congrès de Dresde : « L'exécution d'œuvres musicales
publiées au moyen de l'impression est envisagée comme
autorisée par l'auteur, *lorsque le matériel nécessaire aura
été acquis légitimement par achat.* »

Mais le gouvernement impérial, dans la *Denkschrift*
adressée le 28 janvier 1897 par le chancelier de l'empire
à la diète pour demander la ratification des décisions de
la Conférence de Paris, émit le désir de voir créer en Allemagne un syndicat d'auteurs pour la perception de tantièmes. Une société fut donc fondée, mais dans la formation
de laquelle les éditeurs eurent une part prépondérante.

L'idée de perception de tantièmes ne leur fit pas abandonner celle de l'achat du matériel ; et alors que le tantième sur l'exécution était fixé au taux dérisoire de 1 0/0,
ce qui se réduit à rien quand on songe aux exonérations
nombreuses que consacrent la loi allemande de 1870 et
le projet de la nouvelle loi (2), — *une surveillance sérieuse
fut établie sur le matériel employé* : les agents de la société
choisis parmi les libraires ou marchands de musique sont
chargés de veiller à ce que « le matériel utilisé pour la
préparation de l'exécution ou pour l'exécution même
sorte légitimement des mains de l'éditeur, soit par achat,
soit par louage » (3).

(1) *Droit d'auteur*, 1896, p. 100.
(2) V. plus haut, 2e partie.
(3) *Droit d'auteur*, 1898, p. 77. — Extrait des Instructions aux

*
* *

Une pétition dans le même sens fut adressée en 1898, par les sociétés suisses, revêtue de 70.000 signatures, au Conseil fédéral. La principale proposition (*Kernpunkt*) de la requête était celle de l'exécution libre à la condition de l'achat direct chez l'éditeur du matériel employé. Et la brochure de M. Wyss (1),auteur du système proposé, conclut à la nécessité d'une surveillance des exécutions publiques à ce point de vue.

Ces revendications, compréhensibles de la part d'éditeurs qui soutiennent leurs intérêts, le sont bien peu de la part de sociétés musicales : c'est une étrange aberration que de vouloir substituer à la prétendue tyrannie d'un syndicat d'auteurs percevant sur l'exécution des tantièmes modiques, d'une perception facile, — celle, bien autrement vexatoire, d'un syndicat ayant pour unique mission de surveiller le matériel employé. « Ce système, dit M. Dunant qui a réfuté les arguments divers invoqués par les sociétés avec beaucoup de justesse et de logique, — ce système aurait pour effet de substituer à la pratique actuelle une pratique beaucoup plus compliquée, et soulèverait des questions infiniment plus difficiles à résoudre que celle du paiement des droits ¦d'exécution. Puisqu'après une longue instruction devant les tribunaux (2), la question de la légitimité d'un matériel

agents de la Société allemande [(Leipzig, octobre 1898), § 5, al. 4 : « Dans les cas où l'agent se heurtera à une mauvaise volonté manifeste, il ne devra soulever la question des droits d'auteur, qu'après que celle des partitions musicales aura été réglée. »

(1) *Das internationale Urheberrecht, etc.*

(2) Allusion au procès Ricordi et Cie,Ville de Genève et Gally, et

musical reste encore douteuse, ce point litigieux serait à bien plus forte raison dans la pratique journalière un motif perpétuel de discussions entre les auteurs ou leurs représentants et les exécutants. »

Évidemment, les sociétés musicales vont contre leurs intérêts, en demandant la substitution à un contrôle qui les gêne d'un contrôle qui les gênerait bien davantage encore (1).

Ricordi et Cie contre Nicolini. Trib. fédéral, 13 mai et 25 novembre 1893, affaires où les éditeurs eux-mêmes étaient les plus mal renseignés sur l'étendue de leurs droits, si bien que de cette ignorance le tribunal concluait à l'indulgence en faveur de l'accusé.

(1) Nous aurons à revenir, au sujet de la Société allemande des auteurs, sur ce régime d' « exécution libre par achat du matériel » ; nous verrons quels avantages et quels inconvénients il présenterait pour le public, et quelle y serait la rémunération de l'auteur.

IV

Examen de deux solutions.

1° Régime d'exécution soumise à la condition de l'acquisition directe du matériel (Allemagne) ;

2° Régime d'exécution libre (Angleterre).

Résultats préjudiciables aux intérêts des éditeurs aussi bien qu'à ceux des auteurs.

Conclusion : Idée erronée d'un antagonisme forcé ; les intérêts de l'éditeur et ceux de l'auteur ne sont pas inconciliables.

1° Régime d'exécution soumise à la condition de l'acquisition directe du matériel.

Nous avons vu comment le projet des éditeurs allemands avait en partie échoué, par suite de l'invitation du gouvernement impérial à la création d'une société de perception, — et sur quelles bases cette société avait été fondée ; comment, sous couleur d'exercice du droit d'exécution par les auteurs, elle n'avait pour but, en réalité, que l'établissement d'un régime d'exécution soumise à la condition de l'achat direct du matériel : la seule concession — obligée — faite par les éditeurs aux auteurs étant la perception d'un tantième de 1 0/0 dans les seules exécutions présentant un but de lucre.

Le principe sur lequel ce système repose est celui-ci : *Le droit d'exécuter doit appartenir au public*, la musique n'ayant d'autre emploi que l'exécution, et l'achat d'un morceau n'étant d'aucune utilité, si l'acheteur ne peut l'exécuter (1). *Ce droit d'exécuter, le public l'achète chez l'éditeur en même temps qu'il achète l'exemplaire.*

*
* *

La rémunération de l'auteur est celle que lui donne le *contrat d'édition*. Elle consiste soit dans un prix net, à forfait, soit dans la participation aux profits de la vente, un tant pour cent par exemplaire vendu.

Nous avons vu que l'exercice normal du droit d'exécution par l'auteur, sous forme d'un droit proportionnel sur la recette brute, est le meilleur mode de répartition des bénéfices, en ce qu'il est le plus adéquat à l'usage qui est fait de l'œuvre.

Il ne faudrait pas croire que la participation aux bénéfices résultant de la vente de l'exemplaire remplacerait, à ce point de vue, l'exercice du droit d'exécution. Un seul exemplaire suffit à un nombre indéterminé d'auditions successives. Alors que ce système établit, pour l'auteur

---

(1) « N'est-ce pas une monstruosité (*Ungeheuerlichkeit*) de vendre aux sociétés et aux musiques des compositions, qui ne sont évidemment pas destinées à être incorporées dans une bibliothèque, mais à être jouées, à être utilisées publiquement et de se faire payer au surplus pour l'exécution ? » M. Peiser, éditeur à Leipzig : *Auch eine Kulturfrage ! (Zur Abwehr der Besteuerung musikalischer Aufführungen)* (V. *Droit d'auteur*, 1898, p. 73).

Cet argument a été invoqué en réponse aux premières revendications des auteurs. Il y a plus d'un siècle, Lakanal disait à la Convention : « Que les entrepreneurs de spectacles eussent regardé leur usurpation comme un titre par cela seul qu'elle n'avait jamais été troublée, on le conçoit aisément. Mais croira-t-on qu'ils aient poussé la déraison jusqu'à soutenir que l'acquisition d'un exemplaire d'une pièce de théâtre transmet à celui qui l'achète le droit d'en donner des représentations utiles pour lui seul, contre le gré de l'auteur et sans l'associer aux bénéfices ? »

d'un ouvrage littéraire destiné à la seule lecture, une rémunération en proportion du succès de l'œuvre (le succès en ce cas étant uniquement un succès *de vente*), — il en est tout autrement pour une œuvre destinée à l'audition, le succès étant aussi et surtout un succès d'*exécution* — surtout, car le succès de vente est la conséquence du succès d'exécution.

Au point de vue idéal d'une rémunération absolument équitable de l'auteur d'une œuvre musicale, le tantième sur la vente de l'exemplaire devrait donc être alloué à l'auteur, à côté du tantième sur la représentation ou l'exécution.Comme il cède son droit de reproduction à un intermédiaire, c'est à lui d'imposer ses conditions à l'intermédiaire s'il est en état de le faire, et de stipuler de celui-ci la même participation aux bénéfices de la vente, que l'organisation des sociétés d'auteurs lui assure quant aux bénéfices de l'exécution.

*
* *

D'autre part, si la perception du droit proportionnel sur la recette brute est pour l'auteur le mode de répartition des bénéfices le plus équitable parce que le plus adéquat à l'usage qui est fait de son œuvre, c'est *pour le public* le mode de répartition des charges le plus équitable, par rapport à l'usage qu'il fait de l'œuvre.

Celui qui donne publiquement dix auditions d'une œuvre paye dix fois le droit d'exécuter cette œuvre ; celui qui n'en donne qu'une audition ne paye qu'une fois — et de celui qui n'exécute pas en public aucun paiement n'est exigé.

Si le droit d'exécuter est acheté avec l'exemplaire. le

public non exécutant se trouvera payer pour le public exécutant (1).

**

L'*auteur* n'aurait donc aucun avantage à l'établissement d'un semblable régime ; — c'est d'ailleurs *contre lui*, manifestement, que ce régime a été proposé.

Le *public exécutant*, nous venons de le voir, souffrirait d'abord d'une inégalité de charges, suivant qu'il exécuterait publiquement, ou non — qu'il exécuterait souvent, ou rarement. Ce ne serait pas pour lui le seul inconvénient.

D'abord, il aurait à supporter une majoration du prix de l'exemplaire, venant de ce qu'il paierait en outre le droit d'exécuter.

On ne peut alléguer raisonnablement que par suite du débit plus considérable qu'amènerait la suppression du paiement de tantième sur l'exécution — suppression de l'exploitation concurrente du droit d'exécution par l'auteur, profitant à l'éditeur, — cette hausse ne saurait subsister : outre qu'il est loin d'être prouvé que cette suppression entraînerait une augmentation considérable de la vente des exemplaires, en tous cas il est évident que cette

(1) M. Dunant (*Rapport à la Société suisse des juristes*, p. 182) fait une comparaison très juste avec le système des compagnies de chemins de fer, qui consiste, en donnant à tout porteur de billet le droit au transport de 30 kilog. de bagages, à faire payer ce droit de transport tout aussi bien aux voyageurs sans bagages qui n'en profitent pas, qu'à ceux qui en profitent ; de là, à faire payer à ces derniers une partie du coût de transport des bagages des autres.

augmentation ne saurait être en proportion de l'exonération du paiement de tantièmes que si des exemplaires
nouveaux étaient achetés *en vue de chaque exécution spécialement* ; or cette conséquence est absolument inadmissible.

D'autre part, si l'exécution libre est subordonnée à l'emploi de matériel acheté directement à l'éditeur, un contrôle de ce matériel sera nécessaire ; M. Wyss (1) en reconnaît la nécessité, et émet l'idée de l'emploi d'un regis-
tre de provenance, avec la preuve par les quittances de
l'acquisition licite. Nous avons vu, d'autre part, que la Société allemande a organisé cette surveillance du matériel.

Or, à quel sujet le public se plaint-il de l'exercice du
droit d'exécution ?

Ce n'est pas à raison des sommes exigées : nous savons
quelle en est la modicité.

C'est à raison d'une intrusion désagréable, en un mot,
du fait d'une surveillance. Or, qu'elle soit établie pour le
contrôle du matériel employé, ou pour le contrôle des auditions données, la surveillance n'en existerait pas moins.
Elle risquerait même d'être plus désagréable : car la constatation des morceaux exécutés est, par les programmes,
chose plus facile que la constatation de la légitimité du
matériel, donnant lieu, comme nous l'avons vu, à une foule
de complications et d'incertitudes de ceux-là mêmes — les
éditeurs — qui devraient être le mieux renseignés sur
leurs droits, et à qui reviendrait la surveillance.

Nous venons d'examiner la situation faite aux auteurs,
et celle faite au public exécutant. Restent les éditeurs.

(1) Wyss, *Das internationale Urheberrecht*, etc.

Eux, évidemment, profiteraient d'un semblable régime : ce serait la solution, dans le sens qui leur serait le plus favorable, de la question du matériel.

.·.

Un pareil système ne peut être appliqué.

Entre le régime de l'exécution payante et celui de l'exécution libre, il n'y a pas place pour un système mixte qui ne serait d'ailleurs que celui de l'exécution payante avec les *profits à l'éditeur* au lieu des *profits à l'auteur*.

Si en Suisse des sociétés musicales y ont donné leur adhésion, on peut croire que c'est par dépit et par vengeance contre la Société française des auteurs. Car la légitimité d'une participation de l'auteur à des bénéfices réalisés au moyen de l'exploitation de son œuvre s'impose ; — tandis que tout possesseur d'un exemplaire doit avoir le droit — (si cet exemplaire n'est pas contrefait, bien entendu) — de s'en servir à son gré. L'achat à d'autres qu'à l'éditeur, — l'emprunt, par location ou gratuit, sont absolument licites et ne sauraient être interdits.

Aussi la Société allemande, société non d'*auteurs*, mais d'*éditeurs* surveillant l'emploi du matériel, et ne percevant des tantièmes, infimes d'ailleurs, au profit des auteurs, que contrainte, par l'invitation du gouvernement, — aussi cette société n'a-t-elle pu fonctionner.

Actuellement, une véritable société d'auteurs, semblable celle-là à la Société française et ayant pour but l'exercice direct du droit d'exécution, est en voie de formation (1) : elle n'attend pour se constituer que la promulgation de la nouvelle loi.

(1) V. *Bull. soc. mus.*, n° 54, p. 37.

Le retour au régime ancien d'exécution libre — complètement libre, étendant le droit de jouissance du possesseur (et non plus seulement de l'acquéreur) d'un exemplaire jusqu'au droit d'exécuter en public — a été préconisé aux États-Unis lors de la discussion de la loi du 6 janvier 1897 (1).

Au Congrès, un député, M. Lacey, déposa l'amendement suivant:

« L'impression, la publication et la vente des compositions musicales ou dramatiques par leurs propriétaires seront envisagées comme une preuve suffisante de son consentement à l'exécution ou à la représentation de ces œuvres. »

« Autant que je puis en juger, disait M. Lacey développant son amendement, il n'y a aucune raison d'admettre qu'une personne qui écrit une chanson populaire, la met en musique, la fait imprimer, protéger et vendre publiquement, puisse se réserver encore le droit de dire où cette chanson devra être jouée, et s'arroger le privilège de punir quiconque l'exécute publiquement sans son consentement...

Une chanson ou une pièce dramatique devient un article courant comme tout autre article mis en vente. Le droit passe du créateur à l'acquéreur de l'objet, et si quelqu'un l'a acheté, il doit avoir le droit de s'en servir publiquement ou chez lui, comme bon lui semble. En d'autres termes, il ne doit pas être admis que quelqu'un vende sa propriété pour la garder en même temps. Si vous ne vou-

(1) *Droit d'auteur*, 1897, p. 28.

lez pas publier votre chanson de la manière indiquée, il ne faut pas la vendre. Une fois qu'elle est vendue, le droit de l'utiliser s'aliène par la vente... »

Cet amendement fut rejeté par 52 voix contre 10.

La discussion fut d'ailleurs assez confuse et la façon dont M. Quigg, répondant à M. Laccy, a envisagé le droit moral, consistant selon lui dans la faculté de choisir l'exécutant, le *seul* exécutant à qui l'auteur cède le droit exclusif d'interprétation de son œuvre — ne se comprend guère que si l'on connaît les conditions nouvelles de l'exploitation des œuvres musicales en Angleterre et en Amérique, la situation créée par un débit exceptionnel des exemplaires gravés, une concurrence effrénée entre éditeurs, d'où découle une conception nouvelle, moderne, d'un régime d'*exécution libre* semblable seulement quant à son principe au régime ancien.

C'est ce régime moderne d'exécution libre qu'il convient maintenant d'examiner. Nous verrons comment la solution donnée au conflit d'intérêts qui divise les titulaires différents des deux droits d'exécution et de publication, n'a tourné à l'avantage ni de l'un ni de l'autre ; comment d'une concurrence persistante, du défaut d'entente entre éditeurs d'une part — entre auteurs de l'autre — enfin d'auteurs à éditeurs, au moment où partout l'intérêt de tous les producteurs commande une union féconde au lieu d'une lutte stérile, — est résultée une crise préjudiciable aux intérêts de tous.

2° *Régime d'exécution libre* (1).

Partant de cette idée que l'auteur exploitant lui-même

(1) Tout d'abord, pour justifier ce titre, qui pourrait risquer par la suite de ne pas paraître absolument exact, disons que nous

son droit d'exécution fait une concurrence à l'éditeur, c'est-
à-dire que la perception de tantièmes sur l'exécution fait
tort à la vente de l'exemplaire, les éditeurs exigent des
auteurs la cession complète, absolue de leur œuvre :
cession des deux droits de reproduction et d'exécution, ce
dernier, dans le but d'en supprimer l'exercice.

L'auteur renonce donc à revendiquer ses droits, d'autant
plus volontiers que, faute d'une organisation en société
— à laquelle d'ailleurs les éditeurs s'opposeraient de toutes
leurs forces — il ne pourrait les exercer utilement.

Tous les efforts de l'éditeur — comme de l'auteur —
sont portés du côté de la vente : au lieu du conflit, voici
donc une communauté d'intérêts.

Il en est des œuvres musicales comme de tous les produits : pour les vendre, il faut les faire connaître du public :
c'est parce qu'une œuvre entendue lui aura plu qu'un
amateur en achètera un exemplaire.

L'exécution est la meilleure réclame pour la vente.

Pour faciliter l'exécution, il faut commencer par l'*exonérer de tous droits* : on y arrive par l'omission de la réserve,
avertissant le public qu'aucun tantième ne sera jamais
perçu sur l'exécution.

Mais il ne suffit pas qu'aucune entrave ne gêne les
exécutants : il faut qu'un avantage les pousse à exécuter.

n'entendons pas établir qu'en Angleterre aucun tantième n'est perçu
sur l'exécution, que jamais la réserve n'y est imprimée. Ce serait
contraire aux faits.

Des cas se présentent où l'exécution est réservée, où le tantième
est perçu ; outre que ce sont là des cas isolés, nous verrons qu'ils
se présentent comme une *conséquence* forcée de l'*application du système* que nous étudions.

Car, que tous les éditeurs suppriment la mention ; tous se trouveront dans la même situation.

Donc, l'éditeur commence par offrir, gratuitement, l'exemplaire aux artistes qui *lancent* l'œuvre : d'abord l'exemplaire pour chant qui leur est nécessaire pour s'en rendre compte, — mieux, l'exemplaire piano et chant nécessaire pour l'apprendre — mieux encore, le matériel d'orchestre nécessaire pour l'exécuter en public.

De là à envoyer tout cela à tous les artistes qui sont en état de faire entendre l'œuvre utilement, il n'y a qu'un pas.

Seulement, tous les éditeurs en font autant : après ces sacrifices d'envoi gratuit de nombreux exemplaires, les voici tous, de nouveau, dans la même situation.

Il faut donc pousser l'artiste à exécuter : le payer, comme on paye toute réclame.

Une première combinaison, puisque la vente est en raison de la réclame faite par le nombre d'exécutions, consiste à l'intéresser à la vente : lui donner un tantième sur chaque exemplaire vendu. C'est ainsi qu'actuellement les artistes touchent couramment des *royalties* de 2, 4, 6 et même 8 *pence* par exemplaire vendu.

Mais, sollicités de tous côtés par les éditeurs concurrents, les artistes deviennent plus exigeants. Alors, à côté de la participation à la vente, des primes sont allouées aux artistes : soit proportionnellement aux auditions qu'ils donnent de l'œuvre — (une guinée par programme devient un prix presque ordinaire) — soit un prix ferme, souvent très élevé ; et cela, sans préjudice de la *royaltie* sur la vente.

Si les artistes n'étaient pas sollicités de tous côtés, et n'entrevoyaient pas le moyen de se constituer des revenus par l'exécution des œuvres que veulent lancer les éditeurs, ils composeraient leur répertoire exclusivement des morceaux qui leur plaisent. D'abord, ils les exécuteraient toujours bien, les choisissant d'après leurs moyens et propres à faire valoir leur talent. Ensuite, le public, les écoutant avec plaisir, viendrait volontiers les entendre : c'est ainsi que cela se passe, normalement, partout ailleurs.

Mais avec les revenus qui leur sont ainsi constitués, les artistes ne choisissent pas ce qui leur plaît, ce qu'ils chanteront avec un succès probable : ils choisissent *ce qui leur rapporte le plus*. Ce ne sera pas toujours — au contraire, même, car il est plus coûteux pour l'éditeur de pousser à l'exécution de mauvaises œuvres que de bonnes — ce qu'il y aura de mieux. Première raison pour que le public, sûr d'entendre toujours les mêmes œuvres médiocres, délaisse les concerts.

Ensuite, devant l'appât d'un gain aussi facile, le nombre des artistes croît sans cesse. Beaucoup de gens, sans voix ni éducation musicale, s'improvisent chanteurs, pour pouvoir présenter des programmes sur lesquels ils toucheront une prime, et être intéressés à la vente. Comme ils n'ont aucun talent, ce sera une seconde raison pour que le public délaisse les concerts, si non seulement il doit entendre des œuvres médiocres, mais s'il doit les entendre exécuter mal par des artistes médiocres.

Que demande l'éditeur ? que le titre de l'œuvre qu'il édite figure le plus souvent sur les programmes.

Que demande l'artiste ? Que son nom figure le plus souvent sur les programmes et les affiches, de crainte d'être oublié du public.

A tout prix, il faut des concerts. Alors ce sont des concerts de bienfaisance, où l'artiste chante volontiers sans cachet, assuré qu'il est de sa *royaltie*. Ce sont des concerts où les billets sont vendus — ou plutôt distribués — aux amis des artistes. Pas de concerts gratuits : il faut donner au public l'illusion de concerts payants, sinon œuvres exécutées et artistes qui les exécutent perdraient vite, les unes leur valeur, les autres leur prestige.

Les concerts accidentels de minime importance n'étant plus suivis, les éditeurs donnent naturellement la préférence aux grands concerts donnés dans des établissements classés, avantageusement connus, qui, eux, continuent à attirer le public par la valeur de leurs artistes et la richesse de leur mise en scène ; mieux encore, aux théâtres. Dans le but de lancer les œuvres nouvelles en les intercalant dans les pièces de théâtre, on en arrive, pour les opérettes, à cette combinaison :

Le compositeur ne fait que les deux tiers de la musique ; c'est-à-dire que si l'opérette en trois actes, coupe généralement adoptée, comprend par exemple 21 numéros — (la moyenne étant de sept numéros par actes) — le compositeur n'en écrit que 14. Restent alors sept numéros à placer : l'impresario se réserve d'y placer des morceaux à succès qui aideront à lancer la pièce. Il s'entend avec l'éditeur de la partition, celui-ci exigeant que ces numéros soient pris parmi les œuvres éditées chez lui, pour que la partition puisse être complète (1).

(1) Les morceaux ajoutés étant la propriété de l'éditeur, il pourra

Mais de toutes parts les éditeurs sollicitent les artistes ; ils leur offrent des *royalties* qui vont, comme nous l'avons vu, jusqu'à huit *pence* ; en outre, fréquemment des primes de 100 et même 200 *livres sterling* comptant, si bien que malgré l'impresario, malgré l'éditeur de la partition, l'artiste *impose* les œuvres qui lui procurent un pareil bénéfice.

*
* *

Les éditeurs ont donc à supporter des frais considérables. Comment les couvrir d'abord, réaliser des bénéfices ensuite ?

Ces frais consistent dans le paiement d'une *réclame à la vente*, puisque l'exécution en public est ainsi considérée. C'est donc la vente qui doit les couvrir. Un débit considérable s'impose : c'est vers quoi tendent tous les efforts des éditeurs.

Mais fatalement, comme chacun cherche à vendre plus que son voisin, cette concurrence amène un abaissement des prix. Des « *stores* » se fondent, analogues à nos coopératives de consommation, qui vendent en détail au prix de gros. D'autre part, des recueils périodiques en forme de revue, imprimés par des procédés peu coûteux, comprennent 10, 15 et jusqu'à 20 morceaux, marqués 0 fr. 60, mais vendus en réalité 0 fr. 45 ; alors que le prix moyen d'un morceau de piano édité ailleurs est environ de 1 fr.

Première conséquence : ruine des petits marchands détaillants, qui sont naturellement dans l'impossibilité de revendre au même prix qu'ils achètent ; partant, cause de dommages pour les maisons d'édition qui, dans le but de

les insérer dans la partition qu'il éditera, et vendre ainsi une partition absolument conforme à la représentation.

maintenir les détaillants et de se conserver des débouchés, sont forcés d'abaisser leurs prix.

Deuxième conséquence : ruine de celles des maisons d'édition qui ne disposent pas de ressources suffisantes pour supporter la mévente de productions inférieures n'ayant pas réussi, en attendant le *gros succès* qui peut les faire rentrer dans leurs frais et leur procurer des bénéfices.

Qu'arrive-t-il ?

C'est que les éditeurs, à la recherche d'une source de profits, en viennent, quand ils le peuvent, *à rétablir la perception de tantièmes sur l'exécution*, perception faite directement par eux et pour eux bien entendu, l'auteur, qui a par le contrat d'édition cédé tous ses droits, n'ayant plus à intervenir.

Cette taxe rétablie frappe les impresarii des grands établissements.

Comme la mention de réserve est en Angleterre — nous l'avons vu — une formalité à peine de déchéance du droit, les exemplaires d'œuvres dont l'exécution doit entraîner le paiement de tantièmes portent la réserve. Mais comme elle ne se doit appliquer qu'aux auditions de certains établissements, cette réserve est formulée de façon spéciale. En voici des exemples, recueillis sur des exemplaires parus en 1899.

« Cette chanson peut être chantée en public sans paie-
« ment, *excepté dans les music-halls de Londres*. (This
« song may be sung in public, excepting the London music-
« halls.)

« Cette chanson peut être chantée en public sans paie-
« ment ni autorisation, excepté dans les théâtres et music-

« halls. (This song may be sung in public without fee or
« licence, except at theatres and music-halls.)

« Les droits d'exécution pour les théâtres et music-
« halls sont réservés. Pour permission s'adresser à l'édi-
« teur. (The theatrical and music-hall singing rights of
« this song are reserved. For permissions apply to Fran-
« cis, Day and Hunter.) »

En ce qui concerne les œuvres dramatiques, on en réserve la représentation intégrale, celle des théâtres, —
alors qu'on permet l'exécution aux concerts de morceaux
détachés :

« Tous droits réservés selon les actes internationaux.
« Exécution publique interdite et droits de représentation
« réservés. Les morceaux seuls détachés peuvent être chan-
« tés dans les concerts, mais jamais à raison de plus de
« deux par concert, et *sans coutumes ni action*. En aucun
« cas il ne faut annoncer cette exécution *comme une sélec-
« tion* (1). » Les demandes concernant l'exécution doivent
« être adressées à... (ici le nom de l'éditeur). (« All rights
« reserved under the International Copyright Act. Public
« performance forbidden, and right of representation re-
« served. Single detached numbers may be sung at Con-
« certs, not more than two at any one Concert, but they must
« be given without stage costume or action. In no case must
« such performance be announced as a « Selection ». Ap-
« plications for the right of performing the above Musi-
« cal Comedy must bè made to Messrs Chappell and C°
« Ltd. »)

----

(1) C'est-à-dire libeller le programme de façon à annoncer au public l'exécution de fragments d'une œuvre scénique, par l'audition
desquels il croirait pouvoir se faire une idée de l'œuvre.

On voit combien ces formules — et celle-là n'est pas des plus longues — diffèrent de la brève formule ordinaire.

Les éditeurs obligés de réaliser le plus de profits possible, taxent très lourdement les directeurs des concerts auxquels ils peuvent imposer l'obligation d'un paiement pour l'exécution des œuvres à succès éditées par eux (1).

.˙.

Voilà quelle est la situation désastreuse créée aux éditeurs.

La situation des auteurs s'en ressent forcément.

L'auteur abandonnant tous ses droits sur une œuvre, la rémunération qu'il obtiendra de l'éditeur variera suivant que, par sa notoriété plus ou moins grande, partant par les chances de succès des œuvres qu'il signe, il est en mesure d'imposer ses conditions à l'éditeur, ou est forcé de subir les exigences de celui-ci.

Comme dans la généralité des cas de cession complète, les rapports entre auteur et éditeur appartiennent à trois types (2) :

Si l'auteur est *connu*, en situation d'imposer ses conditions à l'éditeur, il participe aux profits généralement pour la moitié, déduction faite des frais d'édition — quelquefois pour une somme plus élevée ;

— Dans le cas ordinaire, l'auteur reçoit une *royaltie*, droit de tant pour cent sur chaque exemplaire vendu.

____

(1) Les droits se chiffrent par *guinées* au lieu de se chiffrer par *shillings* comme à l'agence anglaise de la Société musicale française.
(2) *Droit d'auteur*, 1894, p. 41.

— Si l'auteur est à ses débuts, il cède son manuscrit soit contre un prix ferme, à forfait, soit même sans être payé. L'auteur trop faible — peu connu ou ignoré — est toujours la victime, et particulièrement dans le commerce d'édition en Angleterre, le *sweating*, exploitation sans merci des auteurs, est tellement fréquent, qu'il fut une des principales raisons et de la création d'une société des auteurs anglais, dont le rôle ne pouvait être que bien platonique et se bornait à celui de donneur de conseils. Ces conseils sont intéressants à parcourir.

« N'acceptez jamais de propositions de tantièmes (*royalties*) sans que la part de l'auteur et celle de l'éditeur soient exactement définies... » et plus loin : « N'oubliez jamais que l'édition constitue une affaire (*business*) qui, comme toute autre affaire, n'a absolument aucun rapport avec la philanthropie, la charité ou l'amour pur de la littérature. Vous vous trouvez en présence d'un homme d'affaires... (1). »

*
* *

Comment mettre fin à une situation aussi préjudiciable aux intérêts de l'éditeur qu'à ceux de l'auteur? préjudiciable aussi à l'intérêt supérieur de l'art musical, par l'abondance, l'encombrement (2) de productions pour la plupart au-dessous du médiocre, qui déroutent et vicient le goût du public?

Dans le but d'éviter les conséquences désastreuses de

(1) *Ibid.*, 1894, p. 41.
(2) Cet encombrement résulte de la nécessité où se trouvent les éditeurs d'éditer beaucoup, espérant, dans le nombre, éditer le morceau dont le succès leur permettra enfin de rentrer dans leurs frais et de réaliser des bénéfices.

la crise actuelle, dans le but d'enrayer la tendance à la baisse, les maisons d'édition anglaises se constituent en *limited companies*, trouvant ainsi de nouveaux capitaux et englobant plusieurs des maisons d'édition existantes.

La constitution d'entreprises puissantes et d'un nombre restreint devait arriver par la force des choses : c'est l'aboutissant naturel de l'évolution économique, le régime de monopole se substituant de lui-même à celui de libre concurrence. Les maisons d'édition musicale ne font que suivre l'exemple donné en Amérique par les *trusts*, en Allemagne par les *cartels*.

Par suite de cette importance nouvelle, de cet accroissement des maisons existantes, la situation de l'auteur ne devient que plus difficile : plus l'éditeur sera puissant, plus l'auteur se trouvera désarmé en face de lui.

Le seul moyen de sauvegarder les intérêts de l'auteur, et en même temps de conjurer la crise qui menace les éditeurs, est dans *l'exercice du droit d'exécution par l'auteur*.

* *

Nous n'avons pas à revenir sur les avantages, déjà exposés, de ce régime, application du meilleur système (le plus exactement proportionnel) de rémunération de l'auteur d'œuvres destinées à l'exécution. Ce point acquis, il nous reste à démontrer que l'application généralisée de ce système par l'établissement d'un régime absolu, dans tous les pays, d'exécution payante, est le seul moyen — sous la réserve, dans certains cas, comme nous l'allons voir, d'une participation de l'éditeur aux bénéfices — de résoudre un conflit d'intérêts plus apparent que réel.

Supposons ce régime absolu ; supposons que partout l'exécution soit soumise à des droits. Supposons dans chaque pays des sociétés analogues aux sociétés françaises, italienne et autrichienne, ces sociétés ayant des rapports continus entre elles et ayant adopté la même base de taxation.

L'inégalité de situation entre éditeurs (causée par la coexistence des deux régimes d'exécution payante et d'exécution libre), *dans la concurrence internationale*, que nous avons signalée en traitant de la mention de réserve, est de ce fait supprimée.

Mais pour en arriver là, la suppression de la réserve dans la convention de Berne et dans les lois intérieures s'impose comme une condition *sine qua non*. Cette suppression sera un fait acquis, cela est infiniment probable, lors de la prochaine conférence diplomatique.

Cette première question mise à part, reste le problème de la *surveillance du matériel*, et celui du préjudice que peut causer aux éditeurs l'exploitation concurrente de l'œuvre par l'auteur, sous la forme de *perception de tantièmes* sur l'exécution.

Une même solution consiste dans la *participation de l'éditeur*, dans une certaine mesure, *aux bénéfices provenant de l'exécution*.

C'est d'après ce principe qu'est constituée la Société musicale française. Les éditeurs, qui s'étaient opposés à la fondation de la société, ont été amenés à en faire partie. La mesure dans laquelle ils sont associés aux bénéfices est celle-ci : — répartition par tiers entre l'auteur des paroles, le musicien, l'éditeur.

La part de l'éditeur est donc d'un tiers.

La société, étant composée d'éditeurs aussi bien que

d'auteurs, défend les intérêts, communs désormais, des uns et des autres ; agissant dans l'intérêt de tous ses membres, elle peut avoir, pour surveiller l'emploi du matériel, des raisons que les auteurs à part, désintéressés de la question, n'auraient pas.

Nous n'entendons parler, bien entendu, que du matériel illicite, c'est-à-dire *contrefait*. Comment résoudre la question de l'*acquisition directe* ?

Déjà, elle se pose avec beaucoup moins d'acuité, les éditeurs étant associés aux profits de l'exécution et n'ayant plus à chercher d'un autre côté une source de bénéfices. Néanmoins, l'emprunt et l'achat indirects peuvent causer, se généralisant, un préjudice sérieux aux éditeurs, en raison du débit restreint du matériel d'orchestre comparé aux frais considérables qu'entraîne le mode d'impression des œuvres musicales — si la tendance à la baisse d'où résulte la crise anglaise s'accentuait.

Tout nous porte à croire que le moyen de conjurer la baisse dont est menacée l'édition musicale est encore dans l'exercice du droit de représentation par l'auteur, *directement*.

Nous revenons à notre point de départ, principe duquel doivent logiquement découler, sur lequel doivent forcément s'appuyer les solutions de ces questions diverses :

L'auteur doit rester titulaire du droit d'exécution.

C'est à lui que revient d'exploiter, directement, sans intermédiaire, son œuvre par l'exécution publique.

Au point de vue de son droit moral, il sera ainsi à même de surveiller à chaque instant les nouvelles exécutions de son œuvre.

Ayant le droit d'interdire, son consentement étant obligatoire, l'auteur ne perdra rien de son prestige aux yeux du public : partant, il en sera de même de l'œuvre qui est l'émanation de sa personnalité.

Le public, obligé de payer le droit d'exécuter, attachera à l'exécution la valeur que l'on prête volontiers à ce que l'on achète.

L'éditeur ne se trouvant plus dans la nécessité d'éditer beaucoup, n'éditera — et dans des conditions matérielles convenables — que des œuvres d'une certaine valeur.

Désireux d'acheter les œuvres qu'il aime, le public les paiera leur prix, comme tout amateur paiera toujours un objet d'art qui lui aura plu.

Et l'art musical gagnera à une production moindre et moins hâtive, qui, en élevant les goûts du public, conservera aux artistes la considération due à leur travail et à leur personnelle imagination.

Vu :

Le Président de la thèse,
CH. LYON-CAEN.

Vu :

Le Doyen,
GLASSON.

Vu et permis d'imprimer :
Le Vice-Recteur de l'Académie de Paris,
GRÉARD.

TABLE DES MATIÈRES

INTRODUCTION

PREMIÈRE PARTIE

L'AUTEUR TITULAIRE DU DROIT D'EXÉCUTION

DEUXIÈME PARTIE

LES AUTEURS ET LE PUBLIC EXÉCUTANT

A. — Entrepreneurs professionnels de spectacles publics et payants.

B. — Entreprises présentant un caractère désintéressé.

TROISIÈME PARTIE

DES CONFLITS POUVANT NAITRE ENTRE LES TITULAIRES DIFFÉRENTS DES DEUX DROITS D'EXÉCUTION ET DE PUBLICATION.

Imp. J. Thevenot, Saint-Dizier (Haute-Marne).

www.ingramcontent.com/pod-product-compliance
Ingram Content Group UK Ltd.
Pitfield, Milton Keynes, MK11 3LW, UK
UKHW021642170726
13836UKWH00005B/2346